道徳授業者のための教養

富岡　栄
鈴木明雄　著
松原好広

明治図書

はじめに

歴史的な経緯

「道徳の時間」が特設されたのは、1958(昭和33)年です。第二次世界大戦後の混乱で青少年の問題行動が顕在化する中で、心身ともに健康で心豊かな児童生徒の育成を願って、道徳の時間が教育課程に位置づけられました。しかし、当時は、道徳の時間＝修身科の復活、つまり、戦前の軍国主義の再現と捉えられたのです。もちろん、道徳の時間を大切にした教師もいた一方で、「教え子を再び戦場に送るな!」のスローガンのもとに、道徳の時間の設置に反対した教師もいました。道徳の時間の思い出について、昭和30年代後半に中学校生活を送ったある先輩教師は「中2の△◇先生が担任だったときは道徳が時間割の中になかった」「中3のときの道徳はいつも校庭でサッカーをしていた」と語ってくれました。道徳の時間特設以後の昭和30年代から40年代、そして50年代にかけて、多くの研究者によって道徳の時間の指導過程論が次から次へと紹介され、道徳の時間に関して充実した研究が行われた一方で、その当時の教育現場では道徳の時間は大切だと言われながらも、忌避感情や軽視傾向があったことは事実です。

時代が昭和から平成に移るころになると、先述の道徳の時間＝修身科の復活と考えるイデオロギー的な捉え方は次第に衰退していったように思います。ただ、そこに残ったものは何かといえば、自分自身が道徳授業を体験していないために、よりよい道徳授業のイメージを身に付けていない教師が教壇に立つようになったことと、それに付随する道徳の時間の軽視傾向です。テレビで教師が熱意をもって奮闘、活躍するドラマを見て感動し、「自分もあのような教師になりたい」と思い、教職についた方もいると思います。あるいは、ご自身が小学校・中学校・高校時代に、ある先生にあこがれ、「自分もあの先生のような授業をしたい」という思いから教師を志した方もいるでしょう。つまり、そこにはモデルがあったわけです。自分は新任教師だとしても、あこがれた恩師の指導から望ましい授業がイメージできているはずです。

しかしながら、残念なことに平成の時代に教職についた方は、自分自身が小学校・中学校時代にモデルとなるような素晴らしい道徳の時間の授業をほとんど受けてこられなかったということです。

このような道徳の時間の軽視傾向を打破し、そして改善していくためには、筆者も「道徳を教科化するしか、ほかに手はない」と考えていました。２００７（平成19）年に道徳の教科化の話題がありましたが、２０１５（平成27）年に学習指導要領の一部が改訂され、移行期間を経て、小学校では２０１８（平成30）年、中学校では２０１９（平成31・令和元）年に「特別の教科　道徳」として、ようやく道徳が教科となりました。

道徳教育、道徳科の充実と発展を願って

教師の仕事には、児童生徒のよさを引き出し可能性を伸ばしていく役割がありますが、知識や技術を伝達していくことも大きな役割です。つまり、教えるということです。この教えることに関して「一つのことを教えるのに教師は十のことを知らなければならない」と言われることがあります。これは、児童生徒の知識や技術の習得にかかわって、それだけ教師が研鑽を積んで、その知識や技能にかかわる周辺の情報を集めて、児童生徒が身に付けやすいようにすることを言い表した言葉です。俗っぽい言い方をすれば「教師は教材研究を行い、児童生徒に何を聞かれても答えられるようにすることが大切で、教師も意欲

的に勉強し、児童生徒がしっかりと知識や技術を身に付けられるようにしよう」ということだと思います。

言うまでもないことですが、道徳科は単に道徳的価値を伝える教科ではありませんし、決して教え込む教科でもありません。しかしながら、指導する教師が道徳科に関する知識や道徳教育の背景などを知っていれば、より豊かな道徳科につながるものと思われます。本書はこの意味において、指導する先生方が、道徳科や道徳教育にかかわる知見を広め、児童生徒にとって楽しくためになり、より実りある授業を願って刊行されたものです。もちろん、指導の有無にかかわらず、道徳教育にかかわる教養書として捉えていただき、今後の参考にしていただければ望外の幸せです。

本書の執筆に携わった、富岡栄、鈴木明雄、松原好広はいずれも義務教育での校長経験を経て大学の教官になった者です。長年道徳教育にかかわってきた者だからこそ考えついたことや知りえたことが紹介されています。本書が読者の方々の参考になり、今後の道徳教育、道徳科の充実、発展につながっていくことを願っています。

２０２４年９月

麗澤大学大学院　富岡　栄

道徳授業者のための教養52

学習指導過程

指導技術

指導法

教材

目標・内容項目

評価

外国・私学

道徳授業者のための教養52

1 道徳はどうして国語に似ているの？

道徳科と国語科が似ている

「道徳科は国語科と似ている？」と思ったことはありませんか。だから、道徳なのに国語の授業のようだ、とか、道徳と国語の違いは何かなどということが話題になるのです。なぜ、「道徳科が国語科と似ている」と言われるのでしょうか。

国語科には国語の目標があり、道徳科には道徳の目標があります。当然のことながら、目標自体は明らかに異なっています。しかし、教材は似ていますし、同一の教材を使っている場合もあります。一例をあげれば、文学作品である菊池寛作の「恩讐の彼方に」の一部が小中学校の道徳科教科書に所収されているし、山本有三作の「路傍の石」の一節が「吾一と京造」というタイトルの教材として掲載されている事例もあります。また、童話である「泣いた赤おに」や「花さき山」のような作品が教材として使用されているケースは数多くあります。このように、目標は異なっているので根本的な部分については違いがあるはずですが、同様の教材を用いて授業を進めていくことから、「国語科と道徳科が似ている」と言われるのではないでしょうか。

ソクラテスは教材を用いていない

道徳科の親学問として哲学・倫理学があります。倫理学は、人間としてどのように生きていったらよいかについて考える学問です。その源流をさかのぼってみると、先哲の一人に古代ギリシャのソクラテスが思い浮かびます。ソクラテスは行きかう市民に「よりよく生きるとはどのようなことか」と問いを投げかけて、人間としての生き方についての考えを深めていった人物です。

では、ソクラテスは人間としてよりよく生きることについて、教材を用いて考えを深めていったのでしょうか。答えは、もちろんＮＯです。ソクラテスは問答法という手法によって自分の無知を自覚させることで真理の認識へと導いていきました。別名を産婆術とも言われています。

もし、ソクラテス的な手法を現代の道徳科で生かすとすれば、教材を一切使わず「今日の道徳科は、よりよく生きるとはどのようなことなのか、みんなで考えてみましょう」とか、「人間が生きていく上で一番大切なことは何かについて考えよう」のような問いだけで構成される授業が考えられます。筆者は、このような道徳科の授業が年間の中に、発達段階や問いは考慮するとしても、数時間あってもよいのではないかと考えます。では、現在の道徳科が国語科のような読み物教材を用いているのはなぜなのでしょうか。

教師のニーズに応えた

道徳科の前身の道徳の時間が特設され、一週間の時間割の中に位置づけられたのは、1958（昭和33）年です。現在の解説にあたる当時の指導書を確認してみると、教材として、文学作品、児童生徒作文、教師の説話、録音や映像教材など種々のものを用いて授業を行うことが示されています。特設数年後に文部省が道徳教育実施に関しての実態調査を行ったところ、多くの教師が、授業を行う際の課題として教材に関しての困りごとを抱えていることが判明しました。

そこで、文部省は道徳教育の充実に向けて昭和40年前後の数年間、続けて道徳の指導資料集を発行しました。小学校中学年で活用されている「ブラッドレーの請求書（お母さんの請求書）」は１９６４（昭和39）年発行の「小学校道徳の指導資料第１集第４学年」に収められています。それ以降、視点別の「小（中）学校読み物資料とその利用」や「小（中）学校道徳　読み物資料集」が作成され、そして「私たちの道徳」につながり、現在の教科化に至っています。

このように、道徳の教材として読み物が使用されることになった契機は、道徳の時間時代の黎明期であった当時の教師が、道徳の時間を指導する際の教材として読み物資料を使用することで、指導しやすいという要請があったからだと思います。それを文部省が答える形で次々と道徳の指導資料集が作成されていきました。

このような流れは、教科化した今日でも色濃く残っています。もちろん、これまでの実績を生かすことは大切なことだと思いますが、教科化して数年経つ中で、道徳の時間時代の読み物教材にとらわれない、教科化時代に相応しい教材の在り方を考えていくことも大切だと思います。

2

道徳科の学習過程の主な方法は？

導入・展開・終末の段階に分ける

１９５８（昭和33）年に道徳の時間が教育課程に位置づけられてから60年以上の歳月が経過しました。この間、多くの研究者たちによって、特に道徳の時間特設当初から昭和40年代、50年代にかけて、様々な学習過程論が提案されてきました。研究者たちは、学習過程の手順を考える際、学習過程をいくつかの段階に分け、それぞれの段階に応じて、どのような方法によって、どのように指導を行えばよいかを提案してきました。それらの学習過程は共通して、導入・展開・終末の段階に分けて学習過程を編成していることから、ここでは、導入・展開・終末の各段階について説明していきます。

導入段階

導入段階は、生徒の生活経験あるいは教材を通して、教材にかかわるものを提示したり、ねらいや教材に含まれる道徳的価値を考えさせたりして、興味関心を高める時間です。導入段階では、あまり時間をかけずに、短時間で児童生徒の心を揺さぶることが大切です。たとえば、中学校教材「カーテンの向こう」の授業の導入段階では、「カーテンのある窓枠」のイラストを提示します。これは、生徒たちに「おや?」「何だろう?」「今から何が始まるんだろう?」など、興味関心をもたせるための導入です。

また、「相手のことを考えていたら、嘘をついてもいいですか?」などの発問を行います。生徒からは、いろいろな発言が出てくるでしょう。それだけで、導入の役割は十分に果たせたと言えます。教師は、イラストを見せるだけ、発問を行うだけの短時間で、導入を終えます。深入りすることはありません。深入りするのは、展開の時間だからです。そして、教師は「では、教材を読みましょう」と言って、教材提示を行います。

展開段階

展開段階は、一単位時間のまとまりのなかで、児童生徒が最も集中的に考え、本時のねらいに迫る時間です。児童生徒に、道徳的価値や人間としての生き方について考えさせ、教材を通して教師のねらいとする道徳的価値に気づいたり、意識したり、判断したりして、道徳的な問題をどのように捉えるかを考える時間とすることが大切です。そして、展開段階で考えたことが、児童生徒一人ひとりに生かされ、道徳的価値の理解を深めます。教材だけを考えるのではなく、教材を通して、児童生徒一人ひとりが自分のこととして考えられるようにすることが大切です。

たとえば、中学校教材「カーテンの向こう」の授業の展開段階では、「カーテンの向こうを見たとき、あなただったら何と言いますか?」と聞くことがあります。しかし、思春期である生徒に、みんなの前でそのように聞いてしまうと、「本音を語れない」「後で何か言われそう」などと感じてしまい、自分の本音を語れなくなってしまいます。

そこで、「ヤコブは、みんなに話しているとき、どんなことを考えていましたか?」と聞けば、生徒はヤコブの考えを、これまでの経験を通して考えられるようになります。

終末段階

終末段階は、授業の内容を振り返ったり、整理したりする時間です。教師が、一方的に結論や道徳的価値を押しつけるのではなく、余韻をもてるようにすることが大切です。終末段階は、教師の説話が効果的です。

たとえば、中学校教材「カーテンの向こう」の授業の終末段階では、「他人を思いやるとは、自分が相手に何かをしてあげるという考えのもとに行うものではありません。相手の立場であれば、自分なら何をしてもらいたいかを考えて、やらせてもらうということが大切だと思います。そこには、相手との上下関係はなく、対等な関係のみがあるのだと思います」などの説話を行います。

教師が、道徳的価値を押しつけるのではなく、道徳的価値の理解を深めるために、生徒と「共に考え」「共に語り合う」ことを意識します。

3 道徳科の展開は前段と後段があるのはなぜ?

学習指導要領解説書の記述から

小・中学校解説では、「展開を前段と後段に分ける」という記述は、どこにも書いてありません。道徳科授業において、展開を前段と後段に分けることは義務的なものではなく、授業者の意図に任されているということです。

一般的には、小学校では、前段と後段に分けることが多いようです。一方、中学校では、前段と後段に分けないことが多いようです。なぜでしょうか?

それは、児童生徒の発達段階が異なるからです。発達段階が異なるから、指導も変わるということです。

小学校低学年の場合

小学校低学年は、「感じたり」「気づいたり」「実感したり」するなどの直感的・体感的に考える発達段階にあります。教材の登場人物や自分自身の気持ちを客観的に考えたり、想像したりできる発達段階ではありません。教材提示の際には、「紙芝居」「絵本」「ペープサート」などを活用して、視覚に訴えたり、ロールプレイなどを活用したりして、直感的・体感的に考えられるようにします。

また、教材を提示すると、教材の世界にどっぷり浸かってしまい、自分のこととして考えることができません。たとえば教材「はしのうえのおおかみ」の授業では、自分がおおかみや、くまになりきってしまい、「親切」「思いやり」の価値を自分のこととして考えることができません。

そのため展開前段で教材について考えたら、展開後段では教材から離れて（教科書をしまわせるなど）、「親切」「思いやり」などの価値を自分の問題として考えられるようにします。

小学校中学年の場合

小学校中学年では、自分や相手のことが少しずつ考えられる発達段階になります。教材提示の際には、教師がわかりやすく範読を行い、児童が頭の中で教材をイメージできるようにします。発問は、「主人公は、どんな気持ちでしたか?」「主人公は、どんなことを考えていましたか?」「主人公は、これからどうなりますか?」「主人公は、以前はどうだったと思いますか?」など、相手の気持ちや過去・未来のことを考えられるようにします。

また、相手や第三者の視点、時間の移動を含めて考えられるようになります。様々な立場で考えたことを、自分に置き換えて考えるように展開後段を位置づけます。

小学校高学年・中学生の場合

小学校高学年・中学生では、条件や状況を変えたり、比較したり、物事の本質について考えたりできるようになる発達段階にあります。発問は、「もし〜だったらどうなると思いますか?」「○○と△△は、どこが違うのでしょうか?」「本当の○○とはなんだと思いますか?」など、条件や状況を変えたり、比較したり、物事の本質について考えます。

また、友達の前で赤裸々な思いを発言することに躊躇するようになります。これは、自分の心の内を表に出すことをためらうようになるからです。「人前では言いたくない」「恥ずかしい」「かっこつけていると思われる」などの思いが芽生えるからです。

そこで、展開後段の役割を展開前段に行うことが必要になります。展開前段で、登場人物に託して自分を語らせるようにします。

たとえば、「どうして、そのように考えたのですか?」「これまで、そのようなできごとがあったのですか?」「そのとき、どんなことが大切だと思ったのですか?」などと補助発問を行います。これにより、児童生徒は、自分とのかかわりで発言できるようになります。

このように、道徳科授業では、教材を通して、教材に描かれている道徳的価値を自問自答したり、自己内対話をしたりすることが大切です。そのためには、児童生徒の発達段階に応じて、展開後段を位置づけたり、展開前段に展開後段を位置づけたりすることが大切です。

(参考文献)・押谷由夫他編『新教科・道徳はこうしたら面白い』図書文化社2015

4 価値の一般化とは?

道徳科の特質

人間は本来、弱い生き物であり、善いとわかっていても、それをすぐに実践することはできません。すなわち道徳的価値の大切さを理解しても、すぐにそれが実践に結びつくとは限らないということです。

たとえば、国語科で漢字を覚えれば、覚えた漢字を使って作文を書くことができるようになります。算数科で九九を覚えたら、その九九を使って文章問題を解くことができるようになります。しかし、道徳科で、「自律」の道徳的価値を学んでも、「自律」した人間になるとは限りません。「自律」について理解できたとしても、一時の感情に流されてしまい、「自律」できないことがあるからです。

ここに道徳科の特質があります。国語科や算数科などの教科と違って、道徳科が、「特別の教科」と言われているのは、これらの特質があるからです。したがって、道徳科においては、道徳的価値を理解しただけでは、不十分ということになります。道徳的価値を自分の生活に置き換えて、より望ましい道徳的な実践に結びつけられるようにすることが大切です。それが、「価値の一般化」「価値の主体的自覚」と言われるものです。

青木孝頼の提唱する「価値の一般化」とは

青木孝頼は、「価値の一般化」を道徳の指導過程の中では、展開前段では、「教材における価値の追求把握」、展開後段では、「教材から離れて、展開前段で把握した道徳的価値を、展開後段で自分の生活にあてはめて、どのように実現を図るかを自覚させること」(1)と説明しています。

つまり、道徳的な実践に結びつけるためには、児童生徒が、自己を見つめ、振り返り、道徳的価値に対して、「自分はどうあるべきか?」を自覚することが必要であるということです。

他の人がしていることを批判したり、評論したりすることは簡単です。自分の弱さや醜さを見つめる必要がないからです。しかし、今まで他人ごとであったことを、自分のこととして考えたり、自分の弱さや醜さを見つめたりするようにします。これにより、児童生徒は、自問自答を行うようになり、望ましい道徳的な実践に結びつけることができるようになるのです。

瀬戸真の提唱する「価値の主体的な自覚」とは

瀬戸真は、「『価値の一般化』について、『価値の主体的な自覚』として、『道徳科授業で高められた価値観に照らして、今までの自分はどうであったかを見つめること』」(2)と説明しています。この点、青木の「価値の一般化」と共通しています。

瀬戸は、道徳科授業の指導において、授業のねらいを達成するためには、「価値の主体的な自覚が大切である」とも説明しています。

また、教材に対して行われる発問は、「児童生徒の多様な考え方、価値観を引き出すために行うものである。児童生徒は、自分の考えや感じ方、他の人の考えや感じ方を比較して、それをつないだり、組み合わせたりして、道徳的価値を理解していく」と説明しています。

そして、「今まで自分はどうであったか？」を振り返るために、「主体的な自覚」を図ることが大切であるとしています。

道徳科授業の指導過程は、道徳的価値の「主体的な自覚」を行うための流れであると捉えられるでしょう。

したがって、「価値を自覚する」とは、今までの自分は、道徳的価値に照らしてどうであったかを振り返らせることであり、そのためには、児童生徒に自己を語らせることが大切であるということです。

このように、青木や瀬戸の指摘から共通していることは、展開の後段では、展開の前段の学習で深めた道徳的価値の理解にもとづき、自己を見つめ、自己の生き方についての考えを深める学習を行うことであると言えます。

〈参考文献〉・（1）青木孝頼編著『小学校道徳の指導と改善―実践力を高める指導と評価―』日本図書文化協会 1985 8頁

・（2）瀬戸真編著『新道徳教育実践講座1 自己をみつめる』教育開発研究所 1986 11頁

5 青木理論以外には、どんな指導過程論がある？①

いろいろな指導過程に学び、指導の幅を広げる

道徳科の指導について一つの形を習得することは大切なことです。しかし、さらに発展させていくためには、守破離と言われるように、それから離れていくことも重要なことです。その際、これまで道徳教育の推進に尽力してきた研究者の指導過程論が大いに参考になると思いますので以下に紹介いたします。

勝部真長の指導過程論

勝部は道徳の時間創設期から道徳教育に多大な足跡を残した人物であり、授業に関する基本的な考え方は次の通りです。ある道徳的な問題に対して、自分が考えている考え方（主観）をすべて提示させる。すると、その考え方は、独りよがりの主観的な考えである

場合が多い。それをクラス全体で話し合いを通して比較検討していく。このことで、自分の考えの至らなさを知ることになり、主観が客観化されていく。さらに議論を重ねていくことにより、気づきや発見がある。この気づきや発見は集団思考で周囲から承認されたものであり、客観化されたものであるだけに個々の心に浸透し主体化されやすくなる。この一連の過程が内面化であるとしています。また、生活から入り生活へ向かうべきだとしており、この指導過程をまとめたものが以下の道徳の時間の原型（1）です。

生活から → 内面化する → 生活へ

	導入	展開	まとめ
過程	1生活の場、生活の問題を発表する 2問題発見 3共通の問題意識を高める	4問題に迫る 5問題の核心にふれる 心理葛藤 反問 判断力と心情を高める 6確かめる 一般化 深化 主観―客観―主体	7自我性を確立する 賞賛 勇気づけ 8くふうし、方法・しくみを考える
留意点	意識 焦点化 共通理解	視点を明確に 白紙で自由に 共通性 特異性	意識化 態度化 助言見守
方法	話し合い 日記作文	読み物・副読本・紙芝居 幻燈・映画・絵	ラジオ劇 実践活動

平野武夫の指導過程論

平野は価値葛藤論の提唱者として有名な研究者です。平野は、人間は神と動物の中間者であると捉えています。このことは、人間は神のように無限を目指しよりよく生きようと理想を求める存在である一方で、現実には有限をまぬがれず心の弱さを併せもつ存在であることを意味しています。したがって、理想と現実のはざまで悩み苦しむこととなり、そこに価値葛藤が生じます。このような日々直面する価値葛藤の場において、自らの意思にもとづいて選択決断していくことを通して道徳性が育まれていくとしています。

指導過程の概略は次の図(2)の通りです。展開前段の自己内省において、自己が直面した価値葛藤の場を克服していった道徳的体験を想起させることが重要だとしています。もし、体験の想起が不十分だと、教材中の人物への関与が深まらず、価値が表面的な理解に留まってしまいます。展開中段では主人公の価値葛藤を追体験することで問題点について考察し価値を追求把握していきます。さらに、展開後段では、主人公の道徳的体験を自分のこととして捉えることと自己の道徳的体験の内省による道徳的問題意識との相互の浸透を図ることで、道徳性が高まっていくとしているのです。

指導過程		
①学習動機の喚起 ②学習目的の自覚		導入
自己内省	前段	展開
他者理解	中段	
自己超越	後段	
①原理的法則化 ②価値の生活化		終結

大平勝馬の指導過程論

大平は道徳の時間特設当初より道徳教育の振興に尽力した大学の研究者です。大平は指導過程の基本的な構造を基本的過程、問題の展開過程、学習の流れ、指導上の主な活動として説明しています。これを簡易的にまとめると以下(3)のようになります。大平の指導過程の大きな特徴として、事前指導や事後指導も含めて構想していることがあげられます。

基本過程	（事前指導）導入	展開	終末（事後指導）
問題の展開（児童生徒の学習活動）	・問題の意識化。問題に気づく。	・問題の分析。問題を明らかにする。 ・問題の追及、深化。問題を深く考える。 ・問題の究明、理解。納得をする。	・問題の整理、反省。意欲をもつ。
指導の流れ（教師の指導）	（事前調査を行う） ・問題提示。 ・経験を想起させる。	・問題点の明確化、焦点化。 ・問題の主体化。 ・問題の一般化。	・解決問題の整理。 ・実践への意欲づけ。 （事後指導）
指導上の主な活動と留意点	（主題に関しての事前調査を行う） ・共通の問題意識を高める。	・問題を多面的に分析する。 ・問題の焦点への考えを深めさせる。 ・主体的に問題解決ができるようにする。	・問題解決結果を整理し、勇気づけ、賞賛する。 （継続的に実践指導をする）

（参考文献）・（1）勝部真長『「道徳」時間の研究』国土社1983 153頁

・（2）現代道徳教育研究会編『道徳教育の授業理論』明治図書1981 71頁

・（3）大平勝馬『道徳教育の研究―道徳性の発達とその形成の心理』新光閣書店1960

6 青木理論以外には、どんな指導過程論がある？②

温故知新

論語に「故きを温ね新しきを知る（ふるきをたずねあたらしきをしる）」という一節があります。これからの道徳科を充実させていくためには、これまでの研究者が提唱する指導過程を知ることはとても大切なことです。項目5に続き3人の指導過程論を紹介します。

井上治郎の指導過程論

井上は道徳の教科調査官を長年にわたり務め、中学校における道徳の時間の指導に関して大きな影響を与えた人物です。井上の道徳の時間の捉え方は次のようなものです。人は日常生活の中で道徳的な問題に直面したときに、この問題を自分のもっている判断基準に照らしてその問題を処理していく。この判断基準こそが、人それぞれの〈道徳〉であり、その〈道徳〉を育んでいくことが道徳の時間の使命なのである。級友との話し合いを行い、その結果として培われた人それぞれの〈道徳〉が、これからの生活の中で出会う様々な道徳的問題によりよく対処してくれるであろうことを願いつつ授業実践をしていくことが大切だと説明しています。

井上は基本的に1資料を2時間扱いで指導することを提唱しています。

○第1時……資料を配付して、資料中の内容を確認する。そして、主人公の行動の是非について、弁護、批判の立場から話し合う。さらに、第2時に話し合う論点を明確にする。

○第2時……第1時で明確になった論点について議論していく。

また、指導過程についての持論を次のように展開しています。

○導入……価値の方向づけは行わず、すぐに資料を配付し内容を理解していく。

○展開……主人公の行為に対して、弁護か批判いずれかの立場に立って話し合う。

○終末……価値の意欲づけなどのまとめは必要ない。話し合いがしっかりと行えたことを励ます。あるいは、言い足りなかった児童生徒には発言の機会を与える場とする。

また、教師でなく学習主体である児童生徒が司会を担当することなども提案しています。

瀬戸真の指導過程論

瀬戸は、道徳の教科調査官、視学官を歴任し、指導過程の在り方について多大な影響を与えた人物です。道徳の時間は2つの要件が充足されることが必要であると左図(1)を用い説明しています。まず、第一の要件としてfをFに高めることです。このfとFとの関係を次のように説明しています。一例として友情について考えれば、常識的な道徳的価値の友情であれば、誘われれば一緒に遊ぶような友情観があります。しかし、このような友情観であれば、友達が反社会的な行為をしたときに追従してしまうようなこともあります。そうしたとき、一時的には、友達関係に亀裂が生じるかもしれないけれど、友の正しさを願い、毅然とした態度がとれるような価値観がFということです。まず、第一の要件は資料を通じて道徳的な価値観を高めていくことです。そして、第二の要件は第一の要件で高められた価値観に照らし、今までの自分はどうであったかを見つめることが大切で、今までの自分の道徳性にかかわる行為の傾向や自分の生き方について目を向け、自分を知ることであると説明しています。

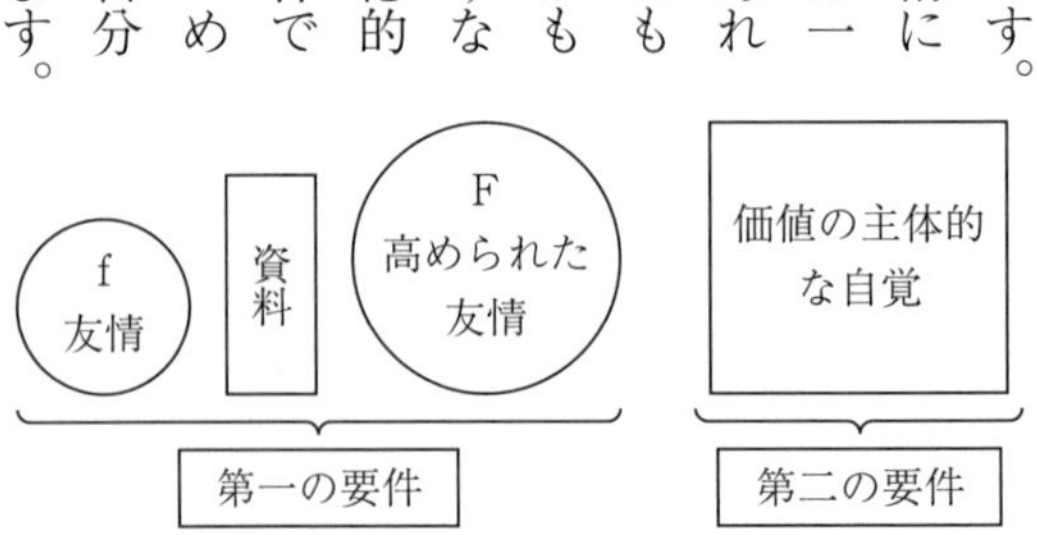

村上敏治の指導過程論

村上は道徳教育振興に寄与した研究者の一人です。道徳授業は難しいと言われるけれど、特段、道徳授業が難しいというようなことはなく各教科の指導と同様に考えればよいと村上は指摘し、指導過程を下図(2)のように提唱しています。ただ、道徳は単なる知識技能の伝達ではなく、よりよい生き方を課題として学習する一種の課題学習の形をとることになるので、導入では課題を見出す必要があり、第一展開では教材を通して課題を追究する必要があると説明しています。しかし、そのままでは、単なる知識としての理解に留まるので、課題の発展、拡大、展望をさせていき、課題の自己化を図ることが大切だとしています。自己化を図るとは、まさに、自分ごととして捉えるということです。終末では、ねらいの自己化が図れたかを確認していくことになります。

（参考文献）・井上治郎『道徳授業から道徳学習へ』明治図書1991
・(1) 瀬戸真編著『新道徳教育実践講座1　自己をみつめる』教育開発研究所1986
・(2) 現代道徳教育研究会編『道徳教育の授業理論』明治図書1981 124頁

導　入	学習活動(1)	問題（課題）を発見する	起
第一展開	学習活動(2)	課題の追究	承
第二展開	学習活動(3)	課題の発展、拡大、展望	転
終　末	学習活動(4)	課題解決の確認	結

7

文科省の専門家会議で提唱された3つの学習指導過程論とは？

専門家会議で提唱された道徳科における質の高い多様な3つの指導方法

道徳科の学習方法について、平成28年の道徳教育に係る評価等の在り方に関する専門家会議（以下専門家会議）の3つの提案があります。これは道徳の時間を教科化するための議論から生まれた方法と捉えたいところです。この前に平成25年の教育再生実行会議、道徳教育の充実に関する懇談会（以下懇談会）では政治的な要請を踏まえ、教科化の議論がなされました。そして平成27年3月27日、道徳の時間を新たに「特別の教科　道徳」（以下、道徳科）として教科化が図られ、学習指導要領の改訂が行われました。目指すは教科化でありながら、懇談会では、認知や発達心理・特別支援教育・教育相談の学者、医師や統計学者、道徳倫理の学者、全国小中道徳教育研究会や大学の道徳教育担当学者、会派を代表する政治家等が、喧々諤々と教科化賛成及び反対論や無用論まで幅広い議論がなされました。筆者も委員でしたが、議事録から削除されるような厳しい実態データや多様な意見がありました。

しかしここで注目したいことは、道徳科の教科書検定基準に、喫緊の課題である悲惨ないじめの防止や大災害や学校内外の安全の確保、社会の持続可能な発展などの現代的な課題を入れ込んだ点です。揺らぐ規範意識の育成をはじめ、教育課題だけでなく広く社会問題の対応を道徳教育に期待した改革と考えられます。そのため道徳行為や実践も指導内容とし、より主体的な生き方や積極的に社会貢献ができる実践力のある人間育成まで求めるものになっています。その後、文部科学省が提唱した「考え、議論する道徳」というキャッチコピーは、児童生徒が主体的に道徳科で考え、仲間と語り合い・学び合い、議論しながら、自ら道徳性を高め、より実践力を伴った志の高い生き方を期待するものと考えられます。

次に、専門家会議の3つの指導方法について考えてみます。

読み物教材の登場人物への自我関与が中心の学習

自我関与をある事柄を自分のもの、あるいは自分に関係があるものとして考えること（心理学用語：大辞泉）と捉えるならば、ここでの学習は「児童生徒が教材の登場人物に自我を投影し、自我関与させ、自分を見つめ、振り返り、道徳的諸価値の理解を深めていく授業」となります。ではなぜ道徳科の特質として避けられない自我関与の学習をわざわざ提唱したのでしょうか。これは自己を見つめる道徳科の学習指導過程が、実はまだ十分機能していないという危惧があると思われます。

問題解決的な学習

問題解決的な学習とは、児童生徒が主体的に自ら問題を発見し解決に取り組み、考えていくことにより学んでいく学習と言えます。この意味で道徳科における問題解決的な学習とは、児童生徒一人ひとりが生きる上で出会う問題を主体的に判断・実行し、よりよく生きていくための資質・能力を養う学習と言えます。問題を児童生徒が自ら問いとして見つけていく問題発見型や、問題を指導者である教師が提示する課題提示型等の方法があります。自分でよく考え、他者と議論する話し合い学習が特に重要とされています。

道徳的行為に関する体験的な学習

体験的な学習の方法は主に2点あります。1点目は児童生徒の体験そのものを道徳科で想起させ、補充・深化・統合する方法です。教材の内容が実際に体験したことと結びついて道徳的な価値の理解がより深まる効果が期待できます。2点目は疑似体験的な表現活動の活用です。役割演技や動作化、疑似体験的な体験活動を通して道徳的価値の理解を一層深めていく方法が期待されます。

かつて全日本中学校道徳教育研究会・課題別研究で、道徳の時間の年間指導計画すべてを教育相談的なスキルとした研究発表に批判が浴びせられたことがありましたが、現在はスキル話し合い活動を円滑に進めるアサーションのようなよい人間関係を図るソーシャルスキル等も柔軟な学級マネジメントとされ、スキルを一部取り入れている教科書もあります。

（参考文献）・西野真由美・鈴木明雄・貝塚茂樹編『「考え、議論する道徳」の指導法と評価』教育出版2017

8 発問にはどんな種類がある？ 他教科との違いは？

道徳科授業の発問の種類

道徳科授業を行う際には、教材を用いて、いくつかの発問を用意することになります。これらの発問を基本発問と言います。基本発問は、時間の関係で、3～4つ用意します。その基本発問の中で、最も重要な発問を中心発問と言います。中心発問は、1～2つ用意します。基本発問や中心発問を行った際、児童生徒の発言に対して切り返しを行う発問のことを補助発問と言います。補助発問は、その場の思いつきで行うのではなく、あらかじめ児童生徒の発言を予想して考えておきます。発問には、「共感的な発問」「分析的な発問」「投影的な発問」「批判的な発問」があります。

道徳科授業の特質から

共感的な発問

「共感的な発問」とは、「主人公はどんな気持ちですか？」「主人公はどんなことを考えていますか？」など、主人公を共感的に捉えた発問のことです。教師は、特に「共感的な発問」をしっかりできるようにすることが大切です。児童生徒の道徳的価値に対する考え方や感じ方は、教材の主人公などに自分を重ね合わせて考えることで明確になります。したがって道徳科授業においては、「共感的な発問」を行うことが大切です。

分析的な発問

「分析的な発問」とは、「なぜ、主人公はこのような行動を起こしたのですか？」「どうして、主人公はそのようなことを言ったのですか？」など、登場人物の行動について、理由を聞く発問のことです。このとき留意すべき点としては、理由というのは一つとは限らず、児童生徒の数だけ理由があるということです。「分析的な発問」を行う際には、一つの理由しか考えられないような発問を行わないようにすることが大切です。正しい答えは一つで、他の答えは誤りという構造になってしまうからです。

投影的な発問

「投影的な発問」とは、「自分ならどう考えるか?」「自分ならどうするか?」など、自分に投影させて考える発問のことです。「投影的な発問」を行うのは、児童生徒が、きれいごとを述べたり、わかりきったことを述べたりすることがあるからです。

一方で、教師は時として、児童生徒に、「それはどこに書いてありますか?」というように、教材の中に記述されている内容を探させて、そのまま答えさせるようなことがあります。そのような発問を行うと、頭の回転の早い児童生徒がすぐに答えてしまうことになります。

たしかに、教材の内容を理解させたり、前後の脈絡を明らかにしたりすることが必要なときもあります。しかし、教材の確認を行うということは、教材内容の状況設定が複雑であったり児童生徒の実態に合っていなかったりして、内容を把握するのが難しいということを意味しています。児童生徒の意見交換の時間も奪ってしまうことにつながりますので、内容確認の時間が必要な教材であれば、思いきって、他の教材に差し替えることも考えられます。

批判的な発問

「批判的な発問」とは「このときの主人公をどう思いますか?」「この主人公に対して、あなたは、どう思いますか?」などの発問のことです。「批判的な発問」の際は、児童生徒が、「主人公はこうした方がいい」「こう考えた方がいい」というように、主人公を客観的に批判することがないようにすることが大切です。

和井内良樹は、「批判的な発問は分析的な発問と同様に、発達段階に応じて学びの形態を変えていく必要の中で、特に小学校高学年や中学校において活用していきたい発問である」と述べています。そこで、「批判的な発問」を行うためには、児童生徒が、「自分自身に置き換えて考え感じる」ことが大切です。批判者の立場で第三者として発言を繰り返してしまうと、そうせざるを得なかった主人公の「思い」「悩み」「苦しみ」を考えることができなくなります。主人公と自分とを同一化して考えることが難しくなるからです。

教師は、解説書に書いてある発問を鵜呑みにして、そのまま活用するのではなく、教材の特質をよく吟味して発問を計画する必要があります。

〈参考文献〉・和井内良樹『道徳教育2019年10月号』明治図書2019 12頁

9 「テーマ発問」とは？

「テーマ発問」について

「テーマ発問」という言葉を最初に示したのは、永田繁雄です。永田によれば、発問は、大きく分けると、「テーマ発問」と「場面発問」に分けることができると説明しています。「テーマ発問」は、「教材の主題やテーマにかかわって、それを掘り下げたり追求したりするための発問」のことで、「主題発問」と言えます。一方、「場面発問」は、教材中のある場面に即して、そこでの登場人物の心情や判断、行為の理由などを問うたり気づきを明らかにしたりする発問のことです。「テーマ発問」は、「場面発問」とは異なり、主人公の心情の変化ではなく、教材の主題やテーマにかかわって発問を行うものです。したがって、「テーマ発問」は児童生徒の主体的な学びを生み出すための発問と言えます。

「テーマ発問」の具体的アプローチ

具体的なアプローチとしては、一般的に、「分析的アプローチ」「投影的アプローチ」「批判的アプローチ」の3つのアプローチがとられています。

分析的アプローチ

登場人物の考え方や行動を細かく分けて考えるアプローチです。「〜がしたのはなぜか？」「〜から何がわかるか？」などの発問を行います。

投影的アプローチ

登場人物の考え方や行動を自分に置き換えて考えるアプローチです。「自分だったらどう考えるか？」「〜ならばどうするか？」などの発問を行います。

批判的アプローチ

登場人物の考え方や行動を批判的に考えるアプローチです。「〜のことをどう思うか？」「〜は本当にそうしてよいのか？」などの発問を行います。

「テーマ発問」で扱うテーマ

「テーマ発問」で扱うテーマについては、次のようなテーマが考えられます。これらのテーマ以外にも、様々なテーマを設定することができます。

・「生活・社会のテーマ」（生活や社会の課題についてのテーマ）
・「人物のテーマ」（主人公の考え方や行動についてのテーマ）
・「教材の主題」（本時で扱う教材の主題についてのテーマ）
・「道徳的価値のテーマ」（本時で扱う教材の道徳的価値についてのテーマ）
・「道徳探しのテーマ」（児童生徒の興味関心のある道徳的価値についてのテーマ）

「テーマ発問」を行う際の留意点

教材の主題にかかわって追求していくと、どうしても知的理解や客観的判断を伴った思考に陥ってしまいます。知的理解や客観的判断を伴った思考では、自分ごととして考えることができません。そこで、「テーマ発問」を行う際には、次のように、「場面発問」と組み合わせて活用することが大切です。

導入時

たとえば、「本当の友情とは何ですか?」と聞いたり、一枚絵を提示して、「この絵を見て、美しいと思ったところは、どんなところですか?」と聞いたりします。そして、「なぜ、そう思ったのですか?」「どんな経験があったのですか?」などと聞いて、本時の展開への興味関心を深めます。

展開時

たとえば、「登場人物の行動についてどう考えますか?」「あなたが登場人物だったらどうしますか?」「登場人物の考え方について賛成できますか?」と聞いたりします。そして、「なぜ、そう思ったのですか?」「どんな経験があったのですか?」などと聞いて、自分とのかかわりで考えられるようにします。

このように、「テーマ発問」を活用する際には、児童生徒に理由や気持ちを併せて聞くようにします。

(参考文献)・永田繁雄『道徳教育2022年7月号』明治図書2022

10 板書にはどんな方法がある？

道徳科の板書は縦書きと横書きどちらがよいか？

最近、小中学校の道徳科授業で横書きの板書をよく見かけます。ある担任に聞いてみると、年間すべて横書きとのこと。小学校低学年では先生の板書が縦書きであれば児童のノート記入は縦書きのようです。この問題には調査があり、概ね中学校あるいは小学校高学年では、板書が縦・横どちらでも、自分のノートは自由に横にしたり、時には縦書きを混ぜたりして思考の整理に問題はないようです。多様で魅力的な板書の工夫が期待されます。

板書は、児童生徒が本音で、考え、議論した内容を構造化することが大切

よい道徳科授業では、板書が一枚の絵画のように終わると言われます。この理由は、自

分で考えたことや仲間と議論したことが構造的に整理され、学んだ道徳的価値に納得し、充実した時間だったと考えることができるからです。道徳科の板書の主な方法として、一般的な授業展開（上図）では、教材の中心となる主人公や登場人物等の気持ちや考えを整理する方法があります。また考え、議論するような問題解決的な授業展開（下図）では、個人や仲間と発見した教材の問題を考え、

一般的な授業展開

生きる喜び
『足袋の季節』　中江良夫作

○当時の生活状況
※足袋＝二〇銭、大正十年代
○お婆さん「五〇銭玉だったね…」
主人公は「うん」と答えた。
どのような気持ち。
・足袋が買える！
・だましていいのか…
○お婆さんの「ふんばりなさいよ。」の言葉に主人公は何を考えたか。
揺れる気持ち
↓
励まし（甘え）
○お婆さんの死を知った時
泣けて泣けてどうしようもなかった。
どのような気持ちだったか。
二度と許されることがない
★人格的承認が一生得られない
○お婆さんがくれた心とは？
前向きに明るく生きる
これでよいのか!!
↓
人間には誰にも弱さ醜さがある
だからこそ、自分を信じて、
強く気高く生きる自分でありたい
↓
今までの自分を振り返る…
★人間として後悔のない生き方へ

自分事として道徳的価値の理解　←主人公の生き方の把握・共感　←教材の場面状況の把握

問題解決的な授業展開

生きる喜び
『足袋の季節』　中江良夫作

○当時の生活状況
※足袋二〇銭、大正十年代
冬の北海道小樽や足袋の写真
○「問題をつかもう」
「私」はどうしてこのような行動をしたのだろうか。何が問題だったのか。
・足袋が買える！
・お婆さんをだましていいのか。
○「自分で考えてみよう」
悪いと思いつつなぜ「うん」とうなずいて四十銭を受け取ったか。
・お婆さんが恵んでくれた…
○「問題について考え、議論しよう」
「私」の苦しみやそれを乗り越えていこうとする生き方から、「人が強く気高く生きる」ということについて話し合おう。
・人間は弱い存在。
・だから強く気高く生きる。
↓
○お婆さんが私にくれた心とは
★自分に負けそうな時、強く気高く生きる自分であることが大切
○自分の生き方として、今後生かしていこうと考えたことは？
◎人間として、強く気高く生きる

自分の価値観として考えを深化・統合　←　問題の議論から道徳的価値の理解　←　教材の問題を発

議論した内容として整理する方法も考えられます。その他、教材「足袋の季節」で、ある担任は主人公の気持ちの揺れを黒板の左右に書き出し、中央には生徒が考えたことや議論をまとめていました。

板書では、児童生徒の価値観を形成できるように多様な方法を工夫する

マッピング手法というある考えに別の考えを位置づけたり割り当てたりする方法で個人の考えだけでなく集団の考えの変化を板書全体に広げながら展開していく授業がありました。マインドマップでは、アメーバのように自由に考えが広がっていきます。児童生徒が個人やグループで、タブレット等を活用した実践もあります。

小学校高学年や中学生になると、自分の考えや思いをしっかり確立したいとする意識とともに、この考えでよいのかと悩み内省したり、学級仲間の思いがけない考えに触発されて新たな考えを抱いたりします。一時間一週間一か月間一年間と道徳科授業を通して大きく変容が起きる発達段階を踏まえ、自分の考えの変化を意識できるような板書計画は極めて大切です。

たとえば、担任は、毎時間「第○○回道徳科」と板書し、ねらいやめあてを丁寧に示す

場合が増えています。板書とともに、年間の指導計画を教室に張り出し、道徳科で何を学び、考えていくのか、年間の指導計画を示す教員もいます。かつて指導内容や道徳的価値を板書で明記すると、児童生徒は学ぶ内容がわかり、思考が止まり深まっていかないと言われました。しかし各教科では当然のように、授業のめあてや内容は示されており、教材の価値内容が示されたから考えが限定的になるということはありません。タブレットでの多様なアプリの活用も見ることができます。

児童生徒が道徳科という授業を、自分の生き方や人生の羅針盤として大切にかつ楽しんで学ぶことができるような板書の工夫を心がけたいところです。現在、文部科学省のホームページに優れた道徳科授業アーカイブが掲載され、板書の実践を研究できます。

（参考文献）・文部科学省「道徳教育アーカイブ」https://doutoku.mext.go.jp/html/about.html

11 国語のように音読させてはダメってどういうこと？

それぞれの「ねらい」が異なる

『小学校学習指導要領解説　国語編』においては、「音読には、自分が理解しているかどうかを確かめる働きや自分が理解したことを表出する働きなどがある」と規定しています。

そして、音読の基礎となるのが、「語のまとまりや言葉の響きなどに気を付けて音読すること」「明瞭な発音で文章を読むこと、ひとまとまりの語や文として読むこと、言葉の響きやリズムなどに注意して読むことなどが重要となる」としています。このように、国語科においては、国語科の内容として「読む」ことを指導することになっています。

一方、『小学校学習指導要領解説　特別の教科　道徳編』においては、道徳科の目標として、「よりよく生きるための基盤となる道徳性を養う」ため、「道徳的諸価値についての理解を基に、自己を見つめ、物事を多面的・多角的に考え、自己の生き方についての考えを深める学習を通して、道徳的な判断力、心情、実践意欲と態度を育てる」と規定しています。

道徳科授業は、道徳性を養うことがねらいであり、教材を「読む」ことには、一切触れていません。

教材を音読させるのではなく、教師がわかりやすく範読する

このように、道徳科授業では、道徳性を養うために、教師が児童生徒にわかりやすく範読することが基本になります。児童生徒に音読させることは、道徳科の指導ではありません。教師自身が教材を丁寧に読み、児童生徒が内容を十分把握できるようにするのです。

もし、児童生徒に、道徳科授業で教材を音読させたらどうなるでしょうか。児童生徒は、音読することで頭がいっぱいになり、内容を理解することができなくなります。内容を十分把握していなかったら、どんなによい発問を準備しても、「自分の意見を発表しよう」という気持ちにはなれません。

道徳科授業では基本的には、国語科のように音読させないということなのです。それよ

りも、教師が範読して、教材の内容をわかりやすく提示することが大切です。

したがって、教師は事前に何回も範読の練習をしなければなりません。児童生徒がわかりやすく教材の内容を理解できるように練習をします。教師でさえ何回も練習しなければなりませんから、教材に初めて触れた児童生徒が、いきなりうまく音読できるわけもありません。

このように道徳科授業においては、児童生徒が「読む」ことが指導の内容となるのではなく、教材の内容を十分理解した上で、本時のねらいについて、自分の考えを深め、道徳的な判断力、心情、実践意欲と態度などの道徳性を育てることが大切です。

教師の教科の専門性がそのまま道徳科の授業に反映されやすい

道徳科授業は、教師の教科の専門性が、そのまま反映されやすい傾向にあります。

たとえば、小学校の教師が、国語科の授業で児童に音読させることがあります。すると、道徳科授業でも、同じように児童に音読させてしまうことがあります。

また、中学校の国語科の教師が、国語科授業で教材を解釈させることを意識して行うことがあります。すると道徳科授業でも、同じように教材を解釈させることを意識して行ってしまいます。専門教科でワークシートを活用すると、道徳科授業でも同じようなワークシートを活用してしまいます。

どちらも意識するということではなく、無意識で同じようにしてしまうということです。

このように、教師は無意識に専門教科のやり方をそのまま道徳科授業のやり方として反映してしまう傾向にあります。この点については、小学校の教師よりも中学校の教師の方が、その傾向が強く見られます。

道徳科授業では、道徳的価値を知的に理解していくものではなく、道徳的な判断力、心情、実践意欲と態度などの道徳性を育てるものです。音読も含めて、教科の授業とは異なる指導を必要とするときがあります。

したがって、道徳科授業では、教科の指導と道徳科授業の指導との違いを再確認しましょう。

12 話し合いにはどんな方法がある？

ＩＣＴ時代一人一台タブレットでも求められる話し合いとは

中学２年生がタブレット活用をしている道徳科授業を参観しました。入力方法はスマートフォンのフリック入力で会話とほぼ同じスピードです。感情が伝わりにくい場合は絵文字をうまく使用していました。果たして対話が十分できるのかと思っていたところ、話し合いが始まると全員タブレットを閉じました。

令和６・７年度小中学校で使用する新しい全教科等の教科書で、動画や音声等のデジタル教材に、ＱＲコードからアクセスできる千を超える教材が登場します。今、道徳科の授業だけでなく、教科等でも話し合いが大切だとよく言われます。なぜでしょうか？

「恋人は語り合うことで愛を深めるが、付き合い続けるかと判断するときは話し合う」

と言った方がおります。思いや考えを深めることと合理的な判断をする二つの言葉のニュアンスの説明と言えます。話し合いは問題を解決したり一定の合意に達したり意見を述べ合うことで、語り合いは考えを深めていくイメージと考えられます。

1958（昭和33）年に道徳の時間（道徳科）が創設されたとき、中学校学習指導要領では、指導の原理として「道徳教育の内容は、教師も生徒もいっしょになって理想的な人間のあり方を追求しながら、われわれはいかに生きるべきかを、ともに考え、ともに語り合い、その実行に努めるための共通の課題である」と述べられています。語り合える学級には必ず温かい人間関係があり、忌憚のない意見交換や話し合いができます。現行の学習指導要領では、主体的・対話的で深い学びが重視されています。また道徳教科化のキャッチコピーは「考え、議論する道徳」であり、話し合いや議論は、自他の考えを深めたり問題解決を図ったりするための不易流行な教育活動なのです。

話し合いの多様な方法を知る

話し合いという日本語は多彩で、広辞苑第七版等では、議する・話し合う・談ずる・論じ合う・ディスカッション・評議・相談・談論・論・論じ合い・話合・議す・辯論・熟議・弁論・討議・討論・僉議・談議・議論等があります。英語で整理してみるとわかりやすく、話し合いや議論はdiscussion、論争はargument、会議はconference、対話はdialogueとして自己対話・他者対話・文献対話などがあります。その他、語り合いはtalkingですが、話し合いやおしゃべりのchatを合わせた感じとも言えます。

道徳科で活用されている主な話し合いについて整理してみましょう。

（タブレット活用の話し合い） 意見集約を素早く実施し共有できる点は今までにない機能です。しかし、担任以外にほぼ発言がなかった道徳科授業も体験しましたが、対面の話し合いを大切にした展開が考えを深めていくためには大切です。

（ペア学習） となりの席の人などと気楽に考えを述べ合うものです。導入でねらいとする道徳的価値の体験想起や発問の意図を理解するときに有効です。また、ある先生はペアの話し合いは、話すことが苦手な人でも必ず発言できるよさがあると言っております。話し合う前に、考えを紙等にまとめてから実施することもあります。

（グループ学習） 数人や4～6人の班等で意見交換をします。あまり人数が多いと十分な意見が出し合えないことには注意したいものです。

（自由学習） これは席を自由に変えて、いろいろな仲間と語り合う方法です。ワールドカフェというお茶会のように気楽に討論する方法で、いくつかのグループをわたり歩いて議論を深めるものもあります。

（ファシリテーター対グループ学習） 児童生徒の多様な意見を担任等が聞き取りながら、黒板にまとめて話し合う方法です。進行役のファシリテーターは教師だけでなく児童生徒も柔軟に役割を果たすような一対グループでの話し合いもあります。

（アクティブ・ラーニングのためのグループの話し合い技法） ホワイトボード・ミーティング、シンク・ペア・シェア、ラウンドロビン、ジグソー法、マイクロディベート、LTD（ラーニング・スルー・ディスカッション）等、多様な方法が開発されています。

古今東西、たとえばソクラテスの問答法は対話篇であり、釈迦の説法や孔子の論語も弟子との対話をもとに作成されました。話し合いや語り合いは、人間の哲学・倫理・道徳や思想等にかかわりのある手法として脈々と発展してきた教育の方法であったと言えます。話し合いの技術を培うには、豊かな語り合いや話し合いが自然にできる学級経営が基本ですが、道徳科等の授業を繰り返しながら、自分なりの手法を開発していくことも大切です。

（参考文献）・エリザベス＝バークレイ他著、安永悟監訳『協同学習の技法　大学教育の手引き』ナカニシヤ出版２００９

13

「哲学対話」とは?

問いを設定し、みんなで議論する

哲学という言葉を聞くと、何となく難しいというイメージをもつのではないでしょうか。哲学を一言で表現すれば、真理を探究する学問と言えます。一方で、哲学に似たような言葉に倫理学があります。哲学と倫理学については、哲学が物事の本質を見極めること、つまり真理を探究する学問であるのに対し、倫理学は人間としての在り方や生き方を中心に考究する学問のことです。この哲学と倫理学の関係を包含関係で捉えれば、倫理学は哲学の中に含まれます。「哲学対話」については、ある特定の考え方や指導方法を指し示したものではなく、一般的に、ある問いを設定し、それに対してみんなでその問いについて議論していこうとする取り組みのことを意味しています。道徳科において「考え、議論する道徳」の実現を目指す中で、これは注目すべき方法と言えるでしょう。ただ、「哲学対話」が特定の考えや方法を示すものではないとしても、依拠する考え方はあります。それはｐ４ｃ（philosophy for children）です。以下にその概要について説明します。

ｐ４ｃについて

基本的なプロセス

ｐ４ｃ「子どものための哲学」を考案したのは、アメリカの哲学者であるマシュー・リップマンです。彼は、児童生徒に考える力＝クリティカル・シンキングを身に付けてほしいとの思いでｐ４ｃを考案しました。その基本的なプロセスはシンプルで以下の５つです。

①輪になって座る。②対話の問いを決める。③ルールを確認して対話を始める。④対話を通して問いを探究する。⑤時間になったら対話をやめて評価を行う。

話し合いのルール

充実した対話にするためには話し合いのルールが大切であり必要です。次のようなルールの共通理解のもとに話し合いを進めていきます。授業には毛糸で作ったコミュニティボール（代用品でも可）を準備しておきます。

①ボールを持っている人だけが話すことができる。②話したいときは手を挙げてボールをもらう。③ボールを持っている人が次に話す人を決める。④たくさんの人が手を挙げたなら、発言の少ない人にボールを渡す。⑤ボールが回ってきたときに話したくなければ「パス」ができる。⑥安心して話せるセーフティな場をみんなでつくるよう心がける。

この他にも、発達段階や学級の状況に応じてルールを設定していきます。

深く考えるためのツール

誰でも安心して話せるセーフティな環境を設定したとしても、自分の考えがもてたり、相手の考えを理解したりすることができなければ、議論し、探究していくことはできません。そこで、考えを深めていくためのWRAITECという質問のワードを使います。

W：What do you mean?　どういう意味？

R：Reason　理由は？

A：Assumption　当たり前？

I：Inference　もし……だとしたら？

T：True　本当？

E：Example, Evidence　たとえば？　根拠は？

C：Counter-example　反例があるのでは？

これらのＷＲＡＩＴＥＣはアルファベットなので、日本でこれを活用する場合には「どういう意味？」とか、「理由は？」のようなカードで示すとよいでしょう。

ｐ４ｃを生かした道徳科授業

ｐ４ｃは道徳科授業のために考案されたものではありません。したがって、道徳科では、ｐ４ｃの考え方を生かし「哲学対話」となるような授業を構想していくことが大切です。まず、問いは教師が示すのではなく児童生徒と共に設定していきます。そのためには、いろいろな工夫が必要です。２時間扱いとして１時間目に教材を読んで、話し合いたい問いやテーマを決めます。そして、２時間目に対話をします。あるいは、ＩＣＴを活用して、授業前に教材を読んで話し合いたい問いやテーマを集約決定し、本時で話し合いのルールを確認したり、考えを深めるツールを使ったりしながら話し合うことも考えられます。

（参考文献）・豊田光世『ｐ４ｃの授業デザイン』明治図書２０２０
・杉本遼・藤井基貴・高宮正貴・町田晃大編著『子どもの問いではじめる！哲学対話の道徳授業』明治図書２０２３

14

役割演技って、いつから道徳科の指導法として一般的になった？

道徳科の役割演技の有効性は？

役割演技は、ロール・プレイングとも言われ、児童生徒がロール（役割）を担い、即興的に演技をする手法として、道徳科では長い間活用されてきました。１９２３年に、アメリカの精神科医Ｊ・Ｌ・モレノが心理療法技法としたサイコドラマ（心理劇）を活用したものと言われています。役割演技は自由で即興的な演技によって、教材を読むだけでは得られない道徳性の認知や体験的な自覚が期待されています。動作化として特定の条件で役割をその場で演じてみる手法もあります。しかし、よく聞かれるのは役割演技等の有効性や効果の理論です。残念ながら多くの実践事例が紹介されていながら、有効性を裏づけるエビデンス（科学的根拠）はありません。この点を踏まえて、実証的な手法であることを理解し、実践を繰り返しながら、有効性を探ってほしいと思います。

道徳科の役割演技の変遷

この問題について、林修也は本手法の専門家である現役学者への聞き取り、先行文献や学習指導要領の点検を幅広く実施し、修士論文にまとめました。

昭和33年の特設道徳以降の劇化、役割演技、動作化について、『「道徳」実施要綱』を分析すると、最初、劇化として指導書には記載されていました。しかし、昭和45年の指導書以降、その記載が一時なくなります。江橋照雄『役割演技』(1)で、「現場において、このの『劇化』の利用度は、読み物利用や視聴覚教材の利用とは比べものにならぬくらい低いものであった」と述べ、理由は「脚本による指導は手間がかかり、時間を浪費するとか、演劇に関心をもつ一部の教師が利用するもので、演出する力がなければ指導できないというものであった。また、『劇化』の主要なる位置を占めていた役割演技についても、その指導方法がわからないので利用できないということも言われていた」と説明しています。昭和39年東京都小学校道徳教育研究会の調査結果に「劇化は扱いにくいものとして、利用されることが少なかった」とあります。劇化を取り入れた指導方法は、児童生徒に高い演技力を求めなければならないことや、小道具などの準備、劇化を実施するための事前練習にかかる時間が必要になることなどからも、極めてハードルが高かったと考えられています。

劇化の記載がなくなったことについては現場の先生方の声を反映した内容になったと考えられます。そして『平成20年学習指導要領解説　道徳編』まで、指導書等に劇化の記載はありません。しかし、特設当時より60年以上体験を生かした学習が示されていることからも、効果的な指導方法の一つであることが明らかです。役割演技は一貫して指導書や学習指導要領に即興的に演技させることが示されていることから、有効性や効果や魅力が認められていると判断できます。

『小学校学習指導要領解説　特別の教科　道徳編（平成29年）』では、道徳的行為に関する体験的な学習等を取り入れる工夫について、「道徳的諸価値を理解したり、自分との関わりで多面的、多角的に考えたりするためには、例えば、実際に挨拶や丁寧な言葉遣いなど具体的な道徳的行為を通して、礼儀のよさや作法の難しさなどを考えたり、相手に思いやりのある言葉を掛けたり、手助けをして親切についての考えを深めたりするような道徳的行為に関する体験的な学習を取り入れることが考えられる。さらに、読み物教材等を活用した場合には、その教材に登場する人物等の言動を即興的に演技して考える役割演技など疑似体験的な表現活動を取り入れた学習も考えられる。これらの方法を活用する場合は、単に体験的行為や活動そのものを目的として行うのではなく、授業の中に適切に取り入れ、体験的行為や活動を通じて学んだ内容から道徳的価値の意義などについて考えを深めるようにすることが重要である」と明記されました。

以上のように、有効性は多くの事例から実証されており、科学的根拠を明確にした実践・研究が期待されています。一場面を動作化するだけでなく、たとえば中学校教材「二人の弟子」で僧侶二人の心を演じる高度な役割演技の実践も紹介されています。

（参考文献）・（1）江橋照雄『役割演技』明治図書1971
・林修也「道徳的行為に関する体験的な学習の研究―道徳性の諸様相と役割演技について―」『道徳教育学研究』第4号39―48頁麗澤道徳教育学会2023
・早川裕隆編著『体験的な学習「役割演技」でつくる道徳授業』明治図書2017
・クリシャ・M・ヤルドレイ＝マトヴェイチュク著、和泉浩監訳『ロール・プレイ―理論と実践』現代人文社2011
・生田茂『役割演技で進める道徳指導』黎明書房1989

15

役割演技をめぐる論争って、どんなものがある？

役割演技について

役割演技は、演技を通して道徳的価値の理解を深め、道徳的心情などを豊かにすることができます。つまり教材における場面・状況での登場人物の役割を演技することにより、道徳的な感じ方や考え方を深めていくことができるわけです。

その一方で、学級経営そのものが演技に影響されやすく、演者によっては演技が停滞してしまったり、個人的に批判されてしまったりして、児童生徒の心を傷つけてしまうこともあります。

また、小道具を準備するのに時間を要します。つまり、しっかりした指導計画と準備、日頃の学級経営をしっかり行わなければ、成果を得ることが難しいものなのです。そこで、教師は、あらかじめ次の点を留意しておくことが大切です。

日頃の学級経営

役割演技は、児童生徒に演技をさせるわけですから、児童生徒には、演技の上手下手は問題ではないことをよく理解させておかなければなりません。

たとえば、友達から「演技が下手」と言われたら、演技している児童生徒の心は傷ついてしまいます。そのようなことがないように、教師は、普段から演技の上手下手ではなく、演技することで何を考え、感じたのかを学ぶことが大切ということを理解させておきます。

役割演技指導の確認

演技前に、いつ、どこで、誰が、どんな状況にあるかなどをはっきりさせておくことが必要です。具体的には、始まりと終わりを明確に示して、児童生徒が一人の役者として、演技に没頭できるようにしておくことが大切です。演技の際は、ただ演技をするというのではなく、「どんな気持ちで」「どんなことを考えて」「どのように相手に伝えたかったか」などを意識させます。

また、必ず役割交代をして、それぞれの立場の違いにより、感じ方、考え方が異なることを理解させます。役割交代をしないと、一方の体験だけで終わってしまい、役割演技の効果が半減してしまいます。

さらに、役割演技は、うまく演技をすることが目的ではありません。教師は児童生徒に、「もっとうまく！」「感情を込めて！」「もっと大きな声で！」などと注文をつけてはいけません。どんな演技に対しても肯定的に受け止め、励ましていくことが大切です。

小道具を準備しておく

役割演技を行う際には、あらかじめ小道具を準備しておくことが大切です。これは、役割演技をする際、小道具を活用することで、より役になりきることができるからです。

小道具としては、お面や役割カードなどがあります。お面は、人や動物の顔を表したかぶりものです。役割カードは、頭部にかぶせるお面とは異なり、役割の人物名やイラストが描かれたカードで首にかけるものです。

お面に関しては、かぶった瞬間からその人物になりきることができます。児童生徒の心にスイッチが入って演技しようとする気持ちが高まります。小学校低学年では特に効果的です。

小学校中学年、高学年、中学生になると、お面をかぶることに抵抗感をもつようになります。そこで、お面ではなく役割カードを活用するようにします。お面や役割カードを活用することで、演技する児童生徒をはじめ、見ている児童生徒も役者の気持ちになって考えることができるようになります。

役割演技は、道徳的価値の理解を深める有効な手段です。しかし、中途半端な気持ちで臨めば、結局、児童生徒の心を傷つけてしまいます。教師自身が強い思いで取り組んでいかなければなりません。

以上のことから、これまで、「やった方がいい」「やらない方がいい」「小道具を準備した方がいい」「準備しなくていい」などの意見が分かれることがありました。

ただ、小学校低学年では、「はしのうえのおおかみ」「およげないりすさん」「かぼちゃのつる」など、役割演技を効果的に活用できる教材がたくさんあります。児童の発達段階に応じて、役割演技を効果的に活用していくことが求められているのです。

（参考文献）・江橋照雄編著『役割演技ハンドブック』明治図書１９９６

16 道徳科でＩＣＴや生成ＡＩはどう使う？

一人一台のタブレットやパソコンをどう活用するか

道徳科の研究授業を見学すると、タブレットを活用した個人意見の集約や確認、意見交換後の他者との考えの共有等で、ＧＩＧＡスクール構想は確実な進歩を遂げていることがわかります。タブレットの意見集約提示アプリ、アンケート集計アプリ（フォーム等）を活用していても、意見交換になると、タブレットを使用しないで互いに対面で話し合う授業もありました。しかし一方で、最近は、パソコンやタブレット入力も静かでかつとても速くなっているとはいえ、キーボードをカチャカチャと打つ音だけで話し声が消えてしまった授業もありました。

前者と後者の違いは、話し合いの効率化というよりも、児童生徒の心の内に、新しい楽しさや喜び、嬉しさ、豊かな感動が起こり、自分の考えの変容を心地よく実感できたかどうかということではないでしょうか？　大人の仕事も然り、かつては一泊して会議に参加し、簡単でも懇親会等で語り合っていましたが、リモート会議も増えて今は皆無です。コロナ禍を境に、リモートワーク等の利便性は向上しましたが、今まで当たり前と思っていた日常的な人と人とのかかわりが消えているように思うのです。

道徳科は、生き方の問題を個人で、また仲間と語り合うことで深めていく授業だと思います。とすれば、手元のタブレット等に頼る時間は効率よく使い、ペアや数人のグループ、学級全体での意見交換等の対面活動が重要と考えています。実際、児童生徒に、道徳科の授業でよかったと思うことを書いてもらうと、個人の思考の深まりだけでなく他者との意見交換から得られた新しい考えや発想を知ることが楽しく有意義だったと答えます。

道徳科では話し合いが大切で対面活動が不可欠

道徳科の授業の大前提は、対面で表情や口調から真意を想像し、読み取ることが重要と考えています。ＡＩ（人工知能）とＩＣＴ活用は、今までの10年を次の1年で凌駕すると指摘する人がいます。令和６・７年度小中学校で使用する教科書では、動画や音声等のデジタル教材にアクセスできるものも多数掲載されます。道徳科の役割を考えると、児童生徒の主体性や人間性を大切に、新しい法的な課題にも主体的に対応できる人間教育としての情報モラルや遵法精神の育成が期待されています。この点からも、道徳科の対面・話し合いは必須であり、未来に生きる児童生徒には、道徳科での話し合い等の人とのかかわりのよさもぜひ教えていきたいと考えています。

道徳科でのＩＣＴや生成ＡＩの活用は、新しい知見を得る方法に限定

タブレット等の扱い方として、考え、議論するための補助的なよい活用方法はできてきたと思われます。自分で考えたり、多くの仲間の意見を短時間に集約して共有したりするにはＩＣＴは有効です。たとえば、真剣に話し合いが必要な場面では、タブレット等も閉じて、対面授業を展開する。または、電子黒板に意見を出して、それをもとに、意見交換は生の声やカードを使用する等の方法も考えられます。

問題は、生成ＡＩを自分の意見修正に使用するかどうかという点です。たしかに、社会や世間一般で議論されている内容や、生き方の問題であっても、生成ＡＩに意見を求めると広い視点や新しい発想が見えることがあります。たとえば、生成ＡＩ（ChatGPTや

Gemini）に、「半導体不足は、今後、私たち人間にどのような問題を及ぼすのか？　箇条書きで教えてください」等と質問すると、少なくても10ほどの内容が提示され、しかも半分は全く知らない知識と知見でした。この利便さは大いに活用してもよいと思います。

自分の生き方の問題は自分で試行錯誤して生成ＡＩには頼らない

ところが、このような半導体不足の問題を「人々の生き方の問題としてどうか？　教えてください」と質問すると、「わかりません」という回答が出てきます。つまり、生成ＡＩは、人間が自分自身で考えるべきところには踏み込んではこないのです。踏み込むとしたら、新しい知識や知見を踏まえた新しい生き方の定言はあるかもしれませんが、その回答を踏まえた上で、しっかりと自分の頭で考えていくことが大切だと思っています。道徳科では特に大切な視点と考えます。

17 総合単元的な道徳学習とは何？

総合単元的な道徳学習の特徴

総合単元的な道徳学習とは、押谷由夫が提唱する児童生徒を主体とした道徳科と各教育活動を有機的に関連づけた学習計画のことです。

総合単元的な道徳学習について、押谷は「子どもの道徳学習は、さまざまな場面で行われている。それは、各教科、領域等の区分を離れて連続性を持ち、かつ家庭や地域社会を含む全生活圏において行われる。日常の生活をしっかりとみつめながら、かつ長期的に人間としての在り方や生き方の展望をもって、子どもたちが道徳学習を主体的に展開してくれることを願い、それを支援する道徳教育はどうあればよいかを探ろうとするものである」(1) と説明しています。

このように、道徳性を育むための教育は学校内だけに留まるものではなく、家庭や地域社会の中でも行われるし、児童生徒の主体性が期待されているわけです。学校教育や生活圏も含めて児童生徒を主体とした道徳学習を構想し計画していくことが、総合単元的な道徳学習の特徴と言えます。

構想計画の際に押さえておきたい視点

総合単元的な道徳学習は様々に構想し計画することができます。その際に押さえておきたい視点は基本的に次の3つのものです。

①道徳科を中心に位置づけること。道徳科は教育活動全体を通じて行う道徳教育の要の時間です。道徳科は、各活動における道徳教育の要として、補ったり、深めたり、相互の関連を考えて発展させたり統合させたりする役割を果たす時間です。このように道徳科と各活動の関連づけが明示されているということは、道徳科が総合単元的な道徳学習を前提としていると言えるのです。

②学校目標、学級目標あるいは基本的な生活習慣の指導などに絞って、まずは取り組むこと。最もシンプルな総合単元的な道徳学習は、1時間の道徳科に事前指導や事後指導を

加え構想したものです。さらに、もう少し計画的に総合単元的な道徳学習を考えていく場合には、学校や学級の目標、基本的な生活習慣や各課題に焦点をあて構想していくことです。

③児童生徒の道徳学習の場を全体的に押さえて多様に構想すること。総合単元的な道徳学習で有機的な関連を図っていくためには、ねらいにかかわっての道徳性がどの場で育まれているのかを把握しておく必要があります。この把握を行った上で道徳科を核として構想し計画していきます。道徳性が育まれる具体的な場としては、道徳科、各教科や領域等の学習、家庭や地域での学習、広く学校生活での学習などです。ねらいがどの場で育まれるのかを把握した上で構想計画していきます。

これら3つの視点を基本的に押さえて構想します。1時間の道徳科と事前事後を含めた学習や各活動を有機的に関連させ複数時間で構想するなど、様々な総合単元的な道徳学習が考えられます。

具体例

一例としていじめをテーマにした小学校高学年の総合単元的な道徳学習を示します。

まず、学級活動で、いじめのない学級にしていくための行動目標を定め合意形成を図っていきます。次に、体育科の保健領域において心の発達について取り上げ、いじめの問題は、人間としてよりよく生きていく上でとても重要な課題であり、いじめ問題を乗り越えていくことが自分たちの課題であることを自覚できるようにします。そして、道徳科では、教材に描かれたいじめに関わる問題について人間の誇りをもって生きるとはどのようなことなのか、あるいは真の友情についてじっくりと考えるのです。

これらのことを踏まえ、もう一度生活を見つめ直し学級活動や総合的な学習の時間等で新聞づくりをします。「いじめのない学級をつくろう」のテーマのもとに、各グループが創意工夫を生かし新聞をつくります。これを廊下に掲示したり、家庭に持ち帰って、家族で話し合ったりします。

このように総合単元的な道徳学習は、道徳的な事象を生活とかかわらせてじっくりと考え、家庭や地域の人々とも取り組んで学習し、児童生徒が主体となる中で自己形成を図ることを目指すものです。

（参考文献）・（1）押谷由夫『総合単元的道徳学習論の提唱―構想と展開』文溪堂1995　17頁
・押谷由夫『道徳教育2018年12月号』明治図書2018

18 再現構成法とは何？

児童生徒が、問いをもつための再現構成法

　再現構成法を道徳科授業で活用することを示した研究者として立石喜男がいます。立石は、再現構成法を活用した道徳科授業において、「道徳授業の要諦は、授業者が教材を何度も読みこなすことに尽きる。この当たり前の準備を実行しよう」(1)と述べています。現在では、あまり活用されることがなくなってしまいましたが、指導力を高めるためにも、果敢に挑戦したい指導法の一つです。立石は再現構成法を、次のような手順で行うと効果的であると説明しています。(1)

①教材は、教師が範読する。児童が発言しやすいように、印刷した教材をもたせるのではなく、「一枚絵」「紙芝居」などを活用する。

②教師は、ゆっくり、はっきりと児童に語りかける。その際は、あらかじめ児童の興味関心や思考傾向などをつかんでおく。
③教材を読みながら、児童の「つぶやき」や「うなずき」を素早く感じ取る。
④児童の「つぶやき」「うなずき」などから、教材の登場人物に対する見方や考え方などを出し合う。
⑤「どの考えを取り上げるか」「焦点化するか」は、教師に委ねられる。
⑥その際、「広げるか」「広げないか」「掘り下げるか」「掘り下げないか」なども、教師の判断に委ねられる。
⑦教師が発問を投げかけるというようなものではなく、世間話の延長のような雰囲気の中でやりとりする。
⑧教師は、児童の些細な発言も大切にして、児童が何でも話し合える雰囲気をつくっておく。
⑨何でも言い合える雰囲気の中で、児童に意見を聞いたり、まとめたり、焦点化したりしながら、児童自身が新たな価値意識を生み出すようにする。
⑩中心場面においては、教師の用意した中心発問を投げかける。

このように、再現構成法は、あらかじめ指導案を作成しますが、それは一応の目安に留め、児童と授業をつくりあげていくようにすることが大切です。

教師は、臨機応変に児童に委ねたり、話し合いを深めたり、広げたりすることで、指導力を高めることができるようになります。

再現構成法（「カーテンの向こう」(2) 指導例）

教材「カーテンの向こう」は、余命少ない仲間のために、レンガの壁しかないカーテンの向こうの風景を創作して話したヤコブの姿を描いています。立石は、この教材を活用した再現構成法について、次のように授業をスタートさせると説明しています。

まずは、一枚絵を提示して、授業をスタートさせます。児童生徒が教材を読むのではなく、教師が「紙芝居」を見せるように教材提示を行います。

まずは、教師が、「ここは、どこでしょう?」と最初の紙芝居を提示します。児童生徒は、「病室だ!」「何人患者がいるの?」「分厚いカーテンがある!」「カーテンの向こうはどうなっているのだろう?」などと発言することでしょう。

そこで、教師は、教材を読みあげます。教材提示により、児童生徒は、ヤコブが陰湿な病室を明るくしていることを知ります。

主人公の「私」は、ヤコブのベッドに移り、自分もカーテンの向こうを見たくなります。しかし、ヤコブは譲ってくれません。やがてヤコブは亡くなり、主人公自身がカーテンをのぞくことになります。

するとカーテンの向こうは、冷たいレンガの壁でした。

ここから道徳科授業が始まります。教師は、「主人公は、そのことを他の患者に伝えますか？　伝えませんか？　伝えるとしたらどのように伝えますか？　それとも、ヤコブと同じ役割を受け継ぎますか？」などと聞きます。

児童生徒は、「事実を暴露すると思います」「ヤコブの役割を受け継ぐと思います」などと話すことでしょう。そこで、教師は、「なぜそのように考えたのですか？」と聞くなど、児童の発言を深め、広げながら話し合いを進めていきます。


（参考文献）・（1）立石喜男『道徳教育2022年7月号』明治図書2022　18頁
・（2）『中学道徳3　とびだそう未来へ』教育出版

19 モラルスキルトレーニングとは何？

モラルスキルトレーニングの基本的な考え方

モラルスキルトレーニングとは林泰成によって提唱された道徳科授業にかかわる指導方法のことです。英語で表記すればMoral Skill Trainingとなり、頭文字をとってMoST（モストと読みます）と略記することもあります。

道徳教育にかかわったことのある方ならば次のような思いをもたれたことがあるのではないでしょうか。教科書に書かれてあることは立派なことなのだけれど、なかなか児童生徒に浸透していかない、あるいは、友情の大切さの授業をした後で、些細な言いあらそいからケンカになってしまい、何のための道徳授業だったのかと考え込んでしまう。しかし、このようなことは児童生徒に道徳性が育まれていないということではなく、単に、どのように対応したらよいかわからないだけだと捉えることができます。とすれば、スキルを身に付け、道徳科での学びを確実にしていけばよいことになります。道徳科授業の学びが実際の行動につながらないという問題意識から、モラルスキルトレーニングのプログラムが開発されたのです。

これまでも、道徳授業にソーシャルスキルトレーニングやエンカウンターなどの方法が取り入れられてきましたが、これらがスキルの獲得をねらいとしているのに対し、モラルスキルトレーニングは次の点で異なっています。モラルスキルトレーニングには道徳的価値が必ず含まれているということであり、スキルを身に付けるとともに、学習指導要領に示された道徳性も同時に養うことを目指しています。

授業の進め方と具体例

モラルスキルトレーニングの指導の流れについては、発達段階や趣旨を生かしていくつかの方法が示されています。その中で、初めて実践する方でも取り組みやすい簡略版での授業の進め方を紹介します。

①教材提示：教材を提示する（自作教材、教科書教材も可）。

②ペアインタビュー：登場人物になって2人でインタビューし合う。
③ロールプレイング：教材中のある場面を演じてみる。状況設定をし、自由に演じる。
④シェアリング：ロールプレイングの感想を言い合って、よい行動方法を強化し、悪い部分を修正する。
⑤まとめ：教師が学習のまとめを行う。

モラルスキルトレーニングをより理解しやすいように具体例を示します。

教材（自作）の概要は次の通りです（演技に時間がかかるので、教材は短時間で内容把握ができるものがよいとしています。場面絵を用いることも考えられます）。

（前半）給食の時間のことです。Tさんは自分の給食の配膳が終わった後、教室内ではしゃいでいたら、給食を運んでいたKさんにぶつかり給食が落ちてしまいました。Kさんはこぼれた給食で服がぬれ、Tさんは立ち尽くしたままです。
（後半）この前、友達とぶつかったときに、何も言わず知らないふりをしてしまったな。よーし、「Kさん、ごめんなさい」とTさんは言いました。「いいよ。今度から気をつけてね」とKさんは言いました。

①教材の前半を話す。
②ペアインタビュー：２人１組になり「Kさんはどんな気持ちになりましたか」「Tさんはどんなことを考えていたのでしょう」とインタビューし合う。
③教材の後半を話す。
④ロールプレイング：２人１組となり、TさんがKさんに謝る場面を演じる。
⑤シェアリング：「Tさんの謝り方のどんなところがよかったですか」
・目を見て謝る。　・聞こえる声で謝る。　・頭を下げて謝る。
⑥まとめ：「今日の道徳で思ったことを書きましょう」

モラルスキルトレーニングは扱いやすい内容項目もあれば、中には難しいものもあります。取り組みやすい内容項目から扱っていけばよいと考えます。また、具体例から小学校低学年に適しているような印象を受けがちですが、中学校での実践も可能ですし、工夫することで高校でも活用することができます。

（参考文献）・林泰成『モラルスキルトレーニングスタートブック』明治図書２０１３

20 構成的グループエンカウンターとは何？

構成的グループエンカウンターの概要

グループエンカウンターには2種類あります。非構成的グループエンカウンターと構成的グループエンカウンターです。前者はカウンセリングの祖といわれるカール・ロジャーズが考案したものであり、後者はアメリカの心理学であるゲシュタルトセラピーにヒントを得て、國分康孝が中心となり日本で開発したアプローチです。学校現場で、単にグループエンカウンターと表現する場合は、一般的には構成的グループエンカウンターを指します。構成的グループエンカウンターは、リーダーが指示した課題に集団で取り組み、体験的な活動を通して人間的な成長や良好な人間関係をつくっていくことをねらいとしています。構成的グループエンカウンターの取り組みはおおよそ次の通りです。

①インストラクション（導入：リーダーが趣旨、内容や方法、ルールを説明する）
②エクササイズ（課題遂行：ルールに従って課題に取り組む）
③シェアリング（分かち合い：気づいたことや感想を書いたり発表したりする）

このような活動を通して、人間的な成長や良好な人間関係のもととなる、自己理解（自分の本心を理解すること）、他者理解（他者の考えを理解すること）、自己受容（自分を肯定的に受け止めること）、感受性の促進（心の苦しさや喜びを共感的に受け止めること）、自己主張（他者を考慮しつつ自分の考えを表明すること）、信頼体験（友達の考えや行動を信頼し生活すること）の成長を図っていきます。

構成的グループエンカウンターの授業活用例

日常の授業に構成的グループエンカウンターを取り入れることは十分に可能です。ただ、各授業にはねらいがあるので、構成的グループエンカウンターの意図を生かしつつ、各授業のねらいが達成できるように努めていくことが大切です。国語や社会の時間にも構成的グループエンカウンターの活用が考えられますが、その活用については1時間の内の一部分の活用に留まることが一般的です。なぜかといえば、国語や社会のねらいがあり、その達成のために、構成的グループエンカウンターを活用しているからです。そのような中で、学級活動では、学級活動のねらい（たとえば、自他の個性の理解と尊重、よりよい人間関係の形成）と構成的グループエンカウンターのねらいが一致するような場合には、一単位時間で構成的グループエンカウンターを指導方法として取り入れて授業を展開することが考えられます。以下に一例を紹介します。

題材名：感謝メッセージを書こう（構成的グループエンカウンターを活用した学級活動）

ねらい：中学校学級活動(2)ア　友達のよいところを見つけ、自分のよさを再認識する。

一時間の流れ

導入（インストラクション）：「○○さんが掲示物をきれいに張り直してくれました。環境美化への心づかいに感謝します」のように、友達のよい行為やそれに対する感謝の気持ちを付箋を活用して書くことを指示する（一人一台の端末を利用してもよい）。

展開（エクササイズ）：付箋を活用して、できるだけ多くの友達に書く。班や学級に対して書いてもよいことにする。書けたら、黒板の所定の場所に貼っていく。

まとめ（シェアリング）：活動を振り返り、感じたことや友達の書いた内容に対する感想を発表する。

道徳科における構成的グループエンカウンター

道徳科の目標は道徳性の育成であり、1時間の授業にもねらいがあります。したがって、構成的グループエンカウンターのエクササイズの活動のみで道徳科を構成していくことは適切とは言えません。構成的グループエンカウンターを生かし、ねらいの把握がしやすいようにしていくことが重要です。次に中学校の道徳科授業例を示します。

主題：生命尊重　内容項目D―(19)　教材　東京書籍『新訂　新しい道徳2』「妹に」

ねらい：命の尊さを理解し、与えられた人生を精一杯生きていこうとする心情を育む。

導入：事前に家族にインタビューした「私が生まれた時の様子」（①インストラクション）を発表する。互いに感想を述べ合う。

展開：教材を読み、考え、議論する。教師の「これから生まれてくる子どもたちへのメッセージを書いてみよう」の指示で、メッセージを書く。（②エクササイズ）

終末：今日の授業の感想を書いて発表し、意見交換を行う。（③シェアリング）

21 パッケージ型ユニットとは何？

より深い学びを目指した授業方法論

パッケージ型ユニットとは、田沼茂紀が提唱する授業方法論です。田沼は、「パッケージ型ユニットとは、テーマ性によって関連づけた複数価値を複数時間で小単元として構成し、子どもの『問い』で一貫した道徳学びのストーリーを意図的に紡ぐ道徳科教育学的な視点での授業方法論です」(1)と説明しています。具体的なテーマについては、いじめ、情報モラル、環境等が考えられ、このテーマやそれによって構成される道徳科等における児童生徒自らの「問い」を大切にしながら進められていきます。パッケージ型ユニット提唱の理由としては、これまでの道徳授業では一主題一単位時間の指導に対し、パッケージ型ユニットの取り組みの方がより効果的で深い学びが期待できるからです。以下にパッケージジ型ユニットの基本的な３つのタイプを示します。

重層型ユニットタイプ

同一の道徳的価値を複数時間重ねることで深い学びを促す方法です。

たとえば、「生命尊重」にしても、その捉え方は生命に対する偶然性、有限性、連続性などと多面的・多角的な視点が必要です。よって、１時間で個別に指導を行うよりも、重層的に学習していった方が、より広い視野から深い視点で学ぶことができるとしています。

具体例は以下の通りです。

ユニット名／ねらい／学年	「いのちを感じよう」（３時間計画）　ねらい：有限な生命の尊さを理解し、輝かそうとする意欲と態度を育てる。　対象：中学１年	
教科等	主題名／教材名（光村図書１年）	内容項目
道徳科	限りあるいのちの尊さ／「ひまわり」	Ｄ―⑲生命の尊さ
道徳科	いのちを大切にする意味／「捨てられた悲しみ」	Ｄ―⑲生命の尊さ
道徳科	自他のいのちを尊重する態度／「エルマおばあさんからの『最後の贈りもの』」	Ｄ―⑲生命の尊さ

連結型ユニットタイプ

このタイプは、設定テーマについて単一の道徳的価値だけで考えるのではなく、複数の道徳的価値の視点から検討し、テーマについて深い理解を促すことを意図したものです。たとえば、いじめ問題に関する取り組みにしても一つの道徳的価値からのアプローチよりも、「公正、公平、社会正義」「親切、思いやり」「友情、信頼」「よりよい生き方」等の視点から学習を展開した方がより深化が図れるのではないかということです。一例として「信じることの大切さ」をテーマとした具体例を示します。

ユニット名／ねらい／学年	「信じることの大切さ」（3時間計画） ねらい：友を信じ、自分を信じ、これからの人生を信じることの大切を育んでいく。 対象：小学6年	
教科等	主題名／教材名（廣済堂あかつき6年）	内容項目
道徳科	友達を信頼する／「ロレンゾの友達」	B―⑽友情、信頼
道徳科	夢の実現に向けての希望と勇気／「未来を変える挑戦」	A―⑸希望と勇気、努力と強い意志
道徳科	限りある生命を懸命に生きる／「星への手紙」	D―⒆生命の尊さ

複合型ユニットタイプ

テーマを複眼的な視点から捉え、他教科等と関連づけて構成し、学習の深化を図っていく方法です。たとえば、「なりたい自分になる」というテーマ設定のもとに、道徳科、社会科、特別活動（学級活動）を関連させていくことで、より学びが定着していくことになります。

ユニット名／ねらい／学年	「なりたい未来の自分計画」（11時間計画） ねらい：卒業を前に今までの自分を見つめ、社会の一員として将来に向けて希望と夢と志をもって歩んでいこうとする意欲と態度を育む。対象：小学6年	
教科等	主題名等／教材名（道徳科：光村図書6年、社会科：教育出版6年）	内容項目、道徳学習関連
道徳科	かけがえのない命／「命のかがやき」	D—(19)生命の尊さ
社会科	単元名：わたしたちの暮らしを支える政治／8時間計画	関連C—(14)勤労、公共の精神
道徳科	誰にでも開かれた社会へ／「私には夢がある」	C—(13)公正、公平、社会正義
特別活動	題材名：卒業を前に夢や希望を発表しよう／学級活動内容(3)	関連C—(14)勤労、公共の精神

（参考文献）・(1) 田沼茂紀編著『問いで紡ぐ-道徳科授業づくり-小学校（中学校）』東洋館出版社２０２０　125頁

22 価値の明確化理論とは何？

価値の明確化理論とは

価値の明確化理論は、1950～60年代にかけて、アメリカ西海岸を中心に広がった人間性回復運動から生まれた理論です。アメリカの道徳教育の三大潮流である、価値の明確化理論、コールバーグの道徳性発達理論、トーマス・リコーナのキャラクター・エデュケーションのうちの一つの理論です。

柳沼良太によれば「1960～70年代、当時、アメリカの児童生徒の中には、無気力、気まぐれ、不安定、過剰反応、成り行きまかせの姿が至るところで見られ、時に凶悪な少年犯罪に発展することもあった」とのことでした。

そこで、児童生徒の価値形成のプロセスに重点を置き、あるがままの感じ方や考え方を尊重し、自ら考えて判断し、内省を深めていく考えが打ち出されました。これが、価値の明確化理論です。

ラス、ハーミン、サイモンによる価値の明確化理論

このような考え方にもとづき登場したのが、ラス、ハーミン、サイモンによる価値の明確化理論でした。

ラス、ハーミン、サイモンによる価値の明確化理論は、デューイの考えを参考にしたもので、古い人格教育を否定し、児童生徒一人ひとりの価値観をあるがままに尊重し、本当の自分らしい価値観を明確にしていくというものでした。児童生徒が、興味関心を抱いたことを取り上げ、あるがままの感じ方や考え方を尊重していくのです。

この価値の明確化理論は、カウンセリングのスキルを取り入れています。特に、ロジャーズの来談者中心療法という手法（一対一の面談を前提とする手法）を取り入れています。来談者中心療法は、カウンセラーが、クライエントの悩みを傾聴し、共感的に理解する手法のことです。カウンセラーとの面談を通して、クライエント自身が、自らの人生を見つめ直していくというものです。

たとえば、「勇気」について、次のような授業を行います。

①「勇気」という価値について、どんな意味があるかを考える。

②「勇気」という価値は、自分の中にあらわれるかを考える。

③誰もが、「勇気」という価値をもっているかを考える。

④自分のもっている「勇気」という価値に満足しているかを考える。

⑤複数の選択肢から比較検討し、「勇気」という価値について話し合う。

児童生徒は、友達と意見を交換し、「勇気」について考えます。教師は、「勇気をもちなさい」というのではなく、児童生徒自身で「勇気」について考えます。

このように、価値の明確化理論は、価値観や規範を教師が教え込むのではなく、児童生徒を尊重し、児童生徒自身が道徳的価値を考え、複数の選択肢から比較検討し、価値観を形成していくものです。

児童生徒が、自ら問題解決に取り組み、議論を深め、行為や習慣にもつなげていく点は、デューイの問題解決的な学習にも一致しています。

このように、価値の明確化理論は、１９６０年代後半から１９７０年代にかけて、アメリカの学校現場で歓迎され、広く流行することになりました。

価値の明確化理論の課題

しかし、この手法は、思考力、判断力、想像力、共感能力などが未発達な児童生徒には、効果的ではありませんでした。教師が、児童生徒の価値観をそのまま受容してしまうと、児童生徒の中には、自分勝手に考え、道徳的価値を否定するような行動をとる者が現れるようになったからです。

そのようなことから、価値の明確化理論に反対する声が高まりました。提唱者の一人であるハーミンは、その問題意識を強く感じ、道徳的価値の教育を弱体化させることを認めました。

その後、１９７０年代からは、コールバーグの道徳性発達理論が注目されるようになりました。ハーミンらも、コールバーグによる道徳性発達理論を部分的に取り入れて、判断力を重視する教育の必要性を強調するようになりました。

（参考文献）・西村正登『現代道徳教育の構想』風間書房２００８
・柳沼良太『「生きる力」を育む道徳教育』慶應義塾大学出版会２０１２　139頁

23 統合的道徳教育とは何？

A型授業とB型授業

統合的道徳教育は、複数時間で道徳授業を展開していく取り組みであり、1990年頃に伊藤啓一によって提唱された授業方法論です。その名が示す通り、授業を「A型」と「B型」の2つに分け、両型を組み入れたプログラムを構成するということです。A型授業は価値伝達型、納得型の授業です。これはねらいとする道徳的価値を教えることを第一義とする授業の考え方です。ただ、ここで注意したいことは教えるといっても教え込むことではなく、児童生徒の主体的な学習を促していきます。道徳的価値を教えて内面化を図るということです。

そして、もう一つのB型授業は価値受容型、創造型の授業です。これは、児童生徒の個性的な価値表現や価値判断を受容することを第一義とします。統合的道徳教育はこの両方を取り入れて複数時間でプログラムを組みます。

統合的道徳教育提唱の背景には、次のような伊藤の問題意識がありました。道徳授業では、価値を伝達し内面化を図る教師主導の授業と、価値表現や判断を大切にする児童生徒の主体性を重視する授業が考えられます。この双方の授業論の優劣を問題にしていくと行き詰まりの議論になるので、最初からA型授業、B型授業と決めて取り組んだ方が実践しやすいのではないかとの思いがあったからです。そして、統合的道徳教育提唱当時、アメリカで実践されていた「価値の明確化」や、コールバーグの「モラルジレンマ」をB型の授業として取り入れたかったからです。

統合的道徳教育の実際と大切にしたいこと

A型とB型の授業の差異については次のような例からイメージできると思います。仮に、A型の授業で人が困っているときには手助けすることが大切だということを学んだとします。このように人に親切にするということは、他者と共によりよく生きていく上で重要な価値です。しかし、時と場合に応じては手助けすることが親切につながらないことになる場合もあります。かえって、手助けするよりも見守ることの方が親切な場合もあるのではないかということをB型の授業で学んでいきます。

統合的道徳教育の授業実践を進めていく上で大切にしたい二つのことがあります。一つは「批判的吟味」です。これは、否定的に見るということではありません。その価値を正しいものとして鵜呑みにするのではなく、「本当にそうなのだろうか」「正しいことなのだろうか」と一歩距離を置いて客観的に考えてみることです。そしてもう一つは「自己決定」です。これは、二つの道徳的価値がぶつかり合うときに、自分だったらどうするか最終的に自分で判断するということです。自己決定には、対立する価値について理解がないと適切な判断ができません。自己決定には道徳的価値の理解が必要であり、このような力を培っていくためには、多面的・多角的に考える力をつけていくことが必要です。

実践例（1）

道徳授業で学習したことを内面化させ真の実践力まで高めるためには、一時間一価値を網羅的に扱うのではなく、重点価値をもとに単元として構成し複数時間で扱うことが望ましいとしています。以下に生命尊重を重点的な価値としてプログラムした実践例（一部省略）を紹介します。

①「幼少のころを振り返る」　B型授業　価値の明確化的指導
導入：生まれたときの写真を見せ合う。展開：保護者に書いてもらったアンケートを読み、感想や意見を発表する。終末：吉野弘の詩「奈々子に」を朗読する。

②「いのち」　A型授業　価値の内面化を図る指導
生徒作文を教材として使用する。導入：前時に書いた意見の発表。展開：中心発問「私は私の命であって、私だけの命ではない」について考え、意見交換をする。終末：前時の学習を踏まえ、いのちについて自分の考えを書く。

③「ガン病棟」　B型授業　モラルディスカッション
末期ガンにおかされた若い女性が安楽死を願う中での生死をめぐって、安楽死に至る注射を打つべきか苦悩する医師を描いた自作教材を使用。2時間扱いとし、第1時は、医師はどうすべきか、理由とともに判断する。第2時では賛成、反対に分かれてディスカッションし、その後、理由とともに最終判断をする。

④VTR「赤ちゃん」を鑑賞する。　A型授業　価値の内面化を図る指導

（参考文献）・（1）伊藤啓一『統合的道徳教育の創造』明治図書1991
・井尾雅昭『道徳教育2018年12月号』明治図書2018　55頁

24 ローテーション道徳とは何？

教師が交代で授業を行う

道徳科の指導に関しては、小中学校ともに学級担任が行うことが原則となっています。小学校では、近年教科担任制が取り入れられるようになりましたが、学級担任制を基本としているので、担任が道徳科の授業を行うことはごく自然なことです。また、教科担任制である中学校においても、「道徳の時間」時代から道徳は学級担任が指導することが原則であり一般的でした。このように道徳科の指導を学級担任が行うのは、道徳科が心の内面について触れることもあるので、児童生徒の家庭状況も含めた実態や考え方を一番理解している担任が適切に対応できるだろうという理由からです。

一方で、小中学校学習指導要領では、道徳科の指導にあたっては「校長や教頭などの参加、他の教師との協力的な指導などについて工夫し」と示されており、他の教師の参加や協力体制を整えることの重要性が述べられています。さらに、中学校の解説には「年に数回、教師が交代で学年の全学級を回って道徳の授業を行うといった取組も効果的である」と明記されており、学級担任以外の教師が指導にかかわることを勧めています。このように、道徳科の指導は学級担任が行うことを原則としつつも、より豊かな道徳性を育む観点から他の教師等の協力や交代による指導が望まれています。このように、教師が交代で授業を行うことをローテーション道徳といいます。あるいは、持ち回り道徳と言われることもあります。

ローテーション道徳の効果

ローテーション道徳の提唱の背景には、道徳教育、道徳科授業の充実の期待があります。道徳科の量的確保と質的な向上を企図したものであり、その効果については次のようなものが考えられます。

○教師の専門教科に関する知見等を生かしたり、得意分野に引きつけたりして道徳の授業を展開することができる。
○同一教材で数時間行うので教材研究が十分にでき、指導力の向上につながる。
○学級担任が自分の学級の授業を参観することが可能となり、普段の授業とは違う角度から児童生徒を見取ることができる。
○一つのクラスを複数の教師が指導することになるので、学習状況や道徳性に係る成長の様子の評価が、複数の教師による見取りとなるため、より妥当性のある評価となる。
○教師間の会話の中に道徳科に関する内容や児童生徒の学習の様子が話題に上る。道徳科授業に対する意識が高まり、指導力の向上につながるとともに、学年や学校全体で道徳教育充実に向けての雰囲気が醸成される。
○道徳科の授業が他の教科等に転用されることなく確実に授業実施ができ、道徳科の量的な確保ができる。

ローテーション道徳の具体例

ローテーション道徳については多様な方法が考えられ、それぞれの学校で創意工夫が必要ですが、一例を示すと次のようなものが考えられます。3クラス想定。

	1年1組	1年2組	1年3組
9月 第1週	1年1組A先生（T1） 副担任X先生（T2）	1年3組C先生（T1） 校長先生（T2）	1年2組B先生（T1） 教頭先生（T2）
9月 第2週	1年2組B先生（T1） 教頭先生（T2）	1年1組A先生（T1） 副担任X先生（T2）	1年3組C先生（T1） 校長先生（T2）
9月 第3週	1年3組C先生（T1） 校長先生（T2）	1年2組B先生（T1） 教頭先生（T2）	1年1組A先生（T1） 副担任X先生（T2）

煩雑な計画では教育課程の編成が困難になることもあります。ローテーション道徳を年間を通じて実施することが難しい場合は、2学期のみ実施などの方法もあります。

25

ほとんどの小学校教科書に載っている有名教材はどんなもの？

多くの教科書に掲載されている教材

現在、小学校道徳の教科書会社の6社（東京書籍、教育出版、光村図書、日本文教出版、光文書院、学研）において、多くの教科書に掲載されている教材は、次の通りです。

・低学年「はしのうえのおおかみ」「金のおの」「かぼちゃのつる」「ハムスターのあかちゃん」「二わのことり」「きいろいベンチ」「七つのほし」「ぐみの木と小鳥」
・中学年「雨のバスていりゅう所で」「花さき山」「絵はがきと切手」「目覚まし時計」「ヒキガエルとロバ」「よわむし太郎」
・高学年「手品師」「ブランコ乗りとピエロ」「青の洞門」「うばわれた自由」「銀のしょく台」「ロレンゾの友達」

これらの教材は、多くの教科書に掲載されていることから、教師にとっては活用しやすい教材であると言えるでしょう。次にこれらの教材を活用する際、低・中・高学年では、どのように指導することが効果的なのか、押谷由夫[1]は、次のように説明しています。

低学年の指導方法

低学年では、臨場感が伝わる教材が多く掲載されています。臨場感が伝わるということは、ロールプレイなどの体験的活動を取り入れやすく、児童に実感や体感させることができるということです。そこで、低学年では、児童にロールプレイなどを体験させて、体感したり、実感させたりすることが効果的です。

中学年の指導方法

中学年では、自分のこと、相手のことをじっくり考えることができます。そこで、自他の気持ちを考えたり、過去や未来のことを考えたりします。発問は、「主人公は、どんな気持ちでしたか?」「相手の人は、どんなことを考えていましたか?」「以前は、どうだったと思いますか?」「これから、どうなると思いますか?」などと聞くと効果的です。

高学年の指導方法

高学年では、自分や相手の気持ちだけでなく、立場や状況を変えて考えることができます。また、仮説的に考えたり、比較して考えたりすることもできます。発問の際には、「以前は、どうだったと思いますか?」「もし～だったら、どうなると思いますか?」「二人は、どんなところが違ったのでしょうか?」などの発問を行うと効果的です。

教材「雨のバスていりゅう所で」を活用する際に考えておくこと

次に、全社で掲載されている中学年の教材「雨のバスていりゅう所で」を例にあげ、どのような指導方法が効果的なのかを説明します。

この教材は、主人公のよし子と母が、おばさんの家に出かける日、あいにくの雨となってしまいます。バス停留所には、バスに乗る人達がそばのたばこ屋の軒下で雨宿りをしながら列をつくってバスを待っています。よし子たちも列に並び、バスが来るのを待っていました。しかし、バスが来るのが見えると、よし子は雨の中を走り、バス停留所の先頭に並んでしまいます。突然、よし子は、母に肩をつかまれ、並んでいたところまで戻されてしまいます。バスで座れなかったよし子は、知らないふりをして窓の外を見つめている母の横顔を見たとき、自分のしたことを考え始めるという内容です。

教科書会社の多くの指導案の中心発問は、「窓の外を見ているお母さんの横顔を見て、よし子はどんなことを考えていたのでしょうか」という発問が用意されています。これは、よし子が自己中心的だったことを、お母さんの横顔から、周りの人のことを考えはじめたということを考えさせるための発問で、きまりについて考えるきっかけになります。

その一方で、荒木寿友(2)は著書の中で、木原一彰が授業において、「よし子さんは、ルールを守ってないの？　そもそもこの場面で明確なルールってあったの？」という発問を行っていることを紹介しています。また木原が「この場面では、どんなきまりがあればいいのだろう？　必要なきまりとその理由を考えてみよう！」と投げかけたことで、児童からは、きまりをつくるためのいろいろな意見が出てきたと分析しています。このように、発問を工夫することで、従来の道徳科授業とは異なる、「考え、議論する」道徳の授業が行われるようになるものと考えます。

（参考文献）・（1）押谷由夫他編『新教科・道徳はこうしたら面白い』図書文化２０１５　15頁
・（2）荒木寿友『いちばんわかりやすい道徳の授業づくり　対話する道徳をデザインする』明治図書２０２１　104頁

26

ほとんどの中学校教科書に載っている有名教材はどんなもの？

多くの教科書に掲載されている教材

現在、中学校道徳の教科書会社の7社（東京書籍、教育出版、光村図書、日本文教出版、学研、あかつき教育図書、日本教科書）において、多くの教科書に掲載されている教材は、次の通りです。

・「足袋の季節」「一冊のノート」「裏庭のできごと」「二通の手紙」「銀色のシャープペンシル」「卒業文集最後の二行」「ネット将棋」

このような教材は生徒の心に響きます。そして、「感動的である」「共感的である」「挫折・失敗経験が描かれている」という3つの要素が含まれていると考えます。

「感動的である」とは、読んだときに心が動くということです。生徒は、心が動かなければ、「このことについて考えたい」と思うようにならないからです。

「共感的である」とは、他人ごとではなく、自分ごととして考えられるということです。主人公だからできたと思ってしまったら、自分ごとには考えられないからです。

「挫折・失敗経験が描かれている」とは、うまくいった、成功したことだけが描かれているのではなく、主人公なりの挫折・失敗経験が描かれているということです。これにより、生徒は、自分と同じなんだと考えられるようになるからです。

この3つの要素のうち、一つでも欠けてしまうと、教材に対して、「わざとらしく」「見え見えで」「いかにも」というように感じてしまいます。したがって、生徒が「そういうことってあるな」「これは他人ごとではないな」と心から思えるようになります。

中学生の指導方法

中学生になると、教師が何を求めているかを先回りして考えるようになります。生徒は「こういう答えを先生は求めている」「こんなふうに答えれば、先生は喜ぶだろう」などと思い、自分の本音とはかけ離れた発言をするようになります。

生徒にとって、「わざとらしく」「見え見えのよう」に感じてしまうので、道徳授業が魅力を失う原因になります。これでは、自分の本音と向き合い、自問自答することなどできません。「わかっているけど、いざとなったらできない」「そんなこと考えていなかったけど、言われてみれば、自分もそうしてしまうかもしれない」など、自分の心の弱さや醜さについて考えられるようにすることが大切です。

そのためには、教材の登場人物の人間性を読むことが大切です。人間性を読むとは、次のように、人間の本質に迫るということです。

・人間は、嬉しいことがあれば、気分が高揚し、意欲的になる。
・人間は、悲しいとき、切ないときは、心が痛み、気持ちが落ち込む。
・人間は、相手に好意を示されれば、愛情が湧き、親愛の情が高まる。
・人間は、不当な中傷や侮辱に対しては、怒りの感情を抑えられなくなる。

教師は、このことを理解した上で、道徳科授業を行うことが大切です。

道徳が教科化され、教科書が導入されました。教科書教材は「完成されたもの」と思っている教師もいるかもしれません。しかし、それは誤解です。

教師は、どの教材がよい教材で、どの教材がよくない教材なのかを吟味する眼を育てなければいけません。なぜならば、よくない教材をどんなにうまく活用しようとしても、よい授業はできないからです。

それなのに、道徳科授業の命である教材に関心が向かず、指導法ばかりに目が向いてしまうことがあります。また、「時代が古い」「わかりきった話である」「そんな古臭い教材なんて今の時代に合わない」などと考えて、その教材を切り捨ててしまうこともあります。「人の心は時代が変わっても変わらない」ということが理解できないのです。

教材の中には、確かに古い教材もあります。しかし、人間の弱さや醜さが見事に描かれています。教師は、教材のもつ力を知り、それをどのように活用していくかを吟味することで指導方法の充実が生まれます。少なくとも、多くの教科書に掲載されている教材は、よい教材と言えるでしょう。

したがって、教師は、教材を吟味する目を育てなければなりません。そのためには、教材のあらすじを確認する程度の眼ではなく、登場人物の人間性までも読み取り、人間の本質に迫ることのできる目を育てることが大切です。

（参考文献）・宇井治郎『どうとくのひろば』日本文教出版2010

27 「手品師」は賛否があるって聞くけどなぜ？

教材「手品師」の作者、江橋照雄の話から

「手品師」の作者江橋照雄が、旧東京都立教育研究所で、ある教員研究生（長期研修生）から、「どのような経緯で教材『手品師』を開発したのですか？」と尋ねられました。すると江橋は、「自分は、手品師と同じような経験がありました。そのとき、自分は男の子の方には行かず、大劇場に行ってしまいました。それ以来、モヤモヤした気持ちが晴れず、さわやかな気持ちになれませんでした。そんな気持ちを晴らしたいという思いから、教材『手品師』を開発しました」と教えてくれたそうです。

江橋自身は、このとき、自分に嘘をついたり、ごまかしたりすることでモヤモヤした気持ちになり、さわやかな気持ちになれないと痛感しました。そして、そんな気持ちを晴ら

すために、誠実に友達の誘いを断って男の子のところに行き、手品を披露するという教材「手品師」を作成したとのことでした。

教材「手品師」に対する否定意見から

しかしそんな手品師の生き方について、これまで否定意見も多く聞かれてきました。たとえば、宇佐美寛[1]は、「教師は、手品師の行動を望ましいものだと決めてかかり、疑問や批判を起こさせようとはしないのである。手品師の行動は望ましいという前提を設けたのだから、当然のことながら、考えさせることは何もなくなってしまう。手品師の気持ちを言葉にして言わせるくらいしか授業ですることはなくなってしまうのである」と批判しています。

また、松下行則[2]は、「手品師は、男の子に対しては誠実だったかもしれません。しかし、大劇場の話をもち掛けてくれた友人や大劇場で手品を楽しみに待っている人たちに対しては不誠実であったと言えるかもしれません。手品師の誠実さは、『狭い』範囲での誠実さであり、『閉ざされた』誠実さだったのではないか」と疑問を呈しています。

さらに、手品師の誠実さは、「自己犠牲的な誠実さ」ではないかという意見もあります。

友人からの大劇場での誘いを断って、男の子のところに行くということは、児童に、「自己犠牲的な誠実さ」を強いることにつながるのではないかというものです。

その他、キャリア教育の観点からも、手品師の生き方は、将来の生き方にマイナスになるのではないかという意見もあります。将来、自分のキャリアを考える児童にとって、自分のキャリアの芽を摘んでしまうことにつながるというものです。

いずれにしても、このような考え方がある中で授業を行えば、ねらい通りに授業を行うことは困難なのかもしれません。その結果、「男の子も大劇場に誘えばいい」「手紙を書いて延期してもらう」などの方法論に流されてしまいます。また、「正直、誠実」の授業なのに、「親切、思いやり」「よりよく生きる喜び」の授業に流れてしまいます。

このように、教材「手品師」は、「誠実さ」を扱う力のある教材であるにもかかわらず、数々の批判や「扱い方が難しい」などの意見が聞かれ、教師にとって、「難攻不落の要塞」のような教材となっていると言えます。

しかし、一人の人間の生き方に正解などありません。教材「手品師」を肯定する人もいれば、疑問をもつ人もいて当然です。大切なのは、その肯定や疑問はどこから生まれてくるのか、自分の望んでいる「誠実な生き方」は、どんな生き方なのかを自問自答していくことが大切だと考えます。

手品師の生き方に感銘を受ける反面、「こんな生き方は、誠実でも何でもない」「こんな生き方など、できるはずがない」と思う児童もいるかもしれません。児童は、教材に対して、いつも共感したり同感したりするわけではありません。時には、疑問に思ったり、反発したりすることもあるでしょう。だからこそ、道徳科授業では、「自分の考える誠実さとは何か?」について、じっくり考えていくことが求められているのだと思います。

一つ言えることは、どのような生き方を選択するにせよ、結局は、自分自身が誠実に生きることでしか、さわやかな気持ちを実感することはできないということです。嘘をついたり、ごまかしたりすることで、その場は繕うことができますが、モヤモヤとした気持ちは晴れません。さわやかな気持ちは、自分自身に誠実に生きることでしか実感できないということに留意して、授業を計画していくことが大切であると考えます。


（参考文献）・（1）宇佐美寛『「道徳」授業に何が出来るか』明治図書1989
・（2）松下行則『道徳教育2013年2月号』明治図書2013　8—10頁

28 「二通の手紙」の結末がある時期から改変されていた!?

主人公である元さんは、最初、解雇処分されていた

「二通の手紙」という中学校の教材は、遵法精神やきまりの大切さについて考えるもので、すべての教科書に掲載されている定番です。主人公の元さんが、動物園の入園終了時間の規則を知っていながら幼い姉弟の切なる願いから入園を許可します。結果、時間通りに帰ってこない姉弟は、池のそばで遅くなって発見されます。元さんの貰った二通の手紙とは、一つは、姉弟の父親が病気で働かざるをえない母親から、動物園にも連れていってもらえない姉弟の喜びを心より感謝する手紙でした。もう一つは、規則を破り幼い子どもの命を危険にさらし、多くの職員に迷惑をかけたことによる解雇通知でした。

生徒は、教材の最初の感想では元さんの姉弟への思いや母親の感謝の気持ちから、思い

やりの価値として元さんの行動を容認する場合が多いのですが、解雇されたという重い責任を考え、やはり規則は尊重しなければならないと考えが変わっていきます。このような価値判断や道徳的な心情の変容が本教材の重要な点ですが、実は結末が改変されています。

元さんの解雇通知は、なぜ懲戒処分に変更されたのか

「二通の手紙」は、最初、文部省（１９９６・平成8年）『道徳教育推進指導資料6中学校「社会のルールを大切にする心を育てる」』では、即職を失う「解雇処分」と明記されていました。ところが、文部科学省（２０１４・平成26年）『私たちの道徳　中学校』では、「懲戒処分」に変更されました。この理由は、元さんの職務上の問題としては解雇・退職は法律上無理があるという文科省が依頼した法令の専門家の判断でした。この変更を受け入れない場合は『私たちの道徳』への掲載は難しいということから、原作者は苦渋の判断で変更をされたと思われます。というのは、職場解雇という重い処分と姉弟や母親への思いやりや優しさを天秤にかけて、やはり「規則・きまりは守らなければならないもの」という道徳的な価値判断が揺らぐのではないかという危惧があったと思うからです。懲戒処分であれば、軽い訓告等の処分で職場復帰はできる可能性があるためです。

生徒の実態に応じて、生徒とねらいを共有した授業を組み立てる

教科書研究センターは、2023年にすべての道徳科の新しい教科書の研究について、教材「二通の手紙」を例に、学習指導過程のねらい（めあて）の定め方や発問等の工夫を次のような内容で紹介しています。

一般的に各教科書では、元さんが「はればれとした顔」で職場を去ることができた理由を考えさせる発問や、教材タイトルでもある「二通の手紙」を並べてみたときに元さんが考えさせられた内容を問う発問が多くの教科書で採用されています。さらに、法やきまりの意義について考えさせるものや、今後の自分に生かせることを問うもの、役割演技を用いてそれぞれがどのように感じていたのかを問うもの等の多様な発問があります。また、この教材では元さんが辞職してしまっていて、動物園の規則を守らなかったことに責めがあるプロットになっているため、場合によっては杓子定規なきまりの運用に対する問題提起が生徒からなされることもあることを指摘しています。

これらを踏まえて、生徒の実態に応じて、法やきまりの意義について考えを深めることが必要であり、教科書に掲載されている発問は一つの例として捉え、生徒の実態を見据え

て、柔軟に授業を構想して取り組むことが特に大切と紹介されています。

生徒の中には「この程度のことで職場を去るのはおかしい。まわりの職員は黙っていたのか？」という問題が提起されることがあります。しかし、なぜ、元さんははればれとした気持ちで自ら職場を去ることにしたのかを自分でよく考え、仲間と議論することから、規則は守るべきものという道徳的な価値判断は、人間としてどう行動してどう生きるべきかという問題であるという認識に発展させていくことができます。

そのため、担任等は、結論として遵法精神の大切さを強調するだけでは十分ではないと思われます。目の前の児童生徒に対して、ねらいである道徳的価値や、実態に即した教材なのかなどの分析、学習指導過程としてどこで考えさせたり話し合わせたりするのが有効か等を吟味することが大切です。「二通の手紙」は多様な授業構想を工夫してみるよい機会となる教材であると思われます。

（参考文献）・公益財団法人教科書研究センター『〝新しい〟教科書の使い方―よりよい授業づくりのために―中学校』２０２３　※全教科等について使い方を分析・研究した冊子発行　https://textbook-rc.or.jp

29

「卵焼き」「足袋の季節」のような時代感覚に合わない教材をどう使えばよい?

時代感覚に合わない教材

教科書には使用義務があります。もちろん、自作教材も含めて児童生徒にとってより有益なものを教材として使用することはできますが、基本的には教科書を使用します。すると、どうしても扱いにくい教材やしっくりしない教材に出会うことがあります。中には、あまり時代感覚に合わない教材もあります。このような教材をどう扱ったらよいのかを、「卵焼き」と「足袋の季節」を例にとりながら考えていきたいと思います。

教材「卵焼き」の概要:『新編 新しい道徳 5』(東京書籍 小学5年生)。内容項目は「家族愛、家庭生活の充実」。この教材で描かれている時代は、まだ卵が高価で卵焼きがご馳走であった第二次世界大戦終戦から間もないころであったと思われます。由紀が小学5

年生のときの話。遠足の前日に「卵焼き作って」とわがままを言います。母にたしなめられ、泣きながら寝入ってしまいました。次の日、由紀は弁当を開いて卵焼きを見つけて涙を流します。帰宅後、母から、父が夜に遠方に出向いて卵を入手してくれたことを聞き胸がいっぱいになります。

教材「足袋の季節」の概要：多くの教科書に所収されている教材。対象学年は中学2年生か3年生。内容項目は「よりよく生きる喜び」か「思いやり、感謝」。時代は大正末期から昭和の時代。中江少年は、足袋が欲しい一心でお婆さんに虚言を言い40銭余分にお釣りを受け取ります（かすめとる）。このことで悩み苦しみます。お婆さんのところへ謝罪に行きましたが、お婆さんは亡くなっていました。死が絶対的なものであることを思い知らされました。その後、職を転々としましたが、お婆さんの「ふんばりなさいよ」の言葉に支えられてなんとか生きてきました。

授業前に情報を伝え実物を示す

二つの教材には、現代の時代感覚と異なっていたり児童生徒には理解しにくかったりする内容があります。具体的に言えば、「卵が高価であったこと」「卵焼きが特別の日でなければ食べられないご馳走であったこと」「足袋」「50銭という貨幣単位」「小学校を卒業するとすぐ勤めること」などです。これらについては、授業中に説明していくと手間取り、道徳科本来の考え、議論するための時間が少なくなってしまう可能性があります。あるいは、児童生徒がそれらのものに興味関心をもってしまい授業のねらいに向かわないことも考えられます。したがって、朝の短学活等を活用して実物等を示しながら説明しておくとよいでしょう。また、ＩＣＴを活用し、一人一台端末に情報を掲載し事前学習として確認したり調べたりすることを課すことも効果的な方法です。このような工夫をすることで、時代感覚に合わない教材もスムーズに授業展開することができます。

精神的に近い内容の教材

現在の時代感覚に合わない教材であったとしても、これらは時代の違いから生ずる感覚の差や文言の難解さを乗り越えるだけの意義があるからこそ教科書に所収されているわけです。その意義とは、人間としての生き方が描かれているということです。たとえ時代が異なっても、現代に生きる私たちにも通じる精神的に近い内容が描かれているからこそ、教材として活用され続けているのです。したがって、時代の差異ばかりに着目し、人間としての生き方についてフォーカスしていかなければ、古臭い教材ということになってしまいます。時代を越えて人間としての生き方の真実が描かれている、このことに着目していくことが、このような教材を使用する際の生かしどころであり最も大切なことなのです。

共感的理解や体験想起

生かしどころの具体的な方法としては、共感的に理解できるようにしたり、体験を想起させたりすることです。たとえば、「卵焼き」では、卵焼きを食べたいという由紀の気持ちに寄り添うことやわがままを言う娘のために卵焼きを用意する父母の気持ちにも思いをはせます。そして、これまでの家庭生活の中で無理なことを言って困らせたことやその願いが叶ったことなどを振り返り、そのとき、どのような思いを抱いたかを想起させるのです。「足袋の季節」では、寒さの中で足袋が欲しいという願い、40銭あれば足袋が買えるという思いから「うん」とうなずいてしまう、これを批判的に捉えるだけでなく、人間の心の弱さとして共感的に捉えていくことが重要です。

30

人物教材を扱うときの留意点って？

様々な人物とその取り上げ方

ひとくちに人物教材といっても様々な人物がいますし、その取り上げ方もいろいろあります。まず、人物については、活躍した分野別で整理すれば、科学者や思想家のような学者・研究者、オリンピック・パラリンピック等で活躍するスポーツ選手、文化の発展や社会のために貢献した人物等が考えられます。また、存命なのか歴史上の人物なのかという視点でも捉えられます。さらに、人物教材に書かれているストーリーについても、人物の成しえた業績やその過程での人間の弱さとしての苦悩やその困難を乗り越えていく努力が描かれているものや、生涯貫いた生き方が強調されているもの、あるいは、一つの道徳的なエピソードを示して、それについて考えさせるものなどがあります。次に、これらの人物をどのように取り上げるのかという問題があります。つまり、人物が教科書の中で取り上げられており人物教材を扱うことが必須なのか、または、地域の偉人等の業績や生き方について自作した教材を活用するのか、あるいは、メインの読み物教材ではなく、導入や終末で人物の格言や名言等を補助教材として動機づけに紹介したり、ねらいを定着させたりするために活用するのかという区分もできます。これらのことを一覧表にしてまとめると以下の通りです。

<table>
<tr><td></td><td colspan="6">内容</td></tr>
<tr><td rowspan="2">活躍した分野等</td><td>学者
研究者</td><td>スポーツ選手</td><td>文化人</td><td>実業家
政治家</td><td colspan="2">社会奉仕家</td></tr>
<tr><td colspan="3">存命</td><td colspan="3">歴史上の人物</td></tr>
<tr><td>教材のストーリー</td><td colspan="2">業績や苦悩と努力</td><td colspan="2">生涯貫いた生き方</td><td colspan="2">道徳的な一つのエピソード</td></tr>
<tr><td>教科書や補助教材</td><td colspan="2">教科書で紹介している</td><td colspan="2">人物に関する自作教材</td><td colspan="2">導入や終末での格言や名言</td></tr>
</table>

人物教材を扱う際に心がけたいこと

人物教材を授業で扱う際に心がけたいことの第一は、その人物についてよく調べておくということです。現在生きているか否かにかかわらず、その人物に関する書籍、伝記、インターネット等から情報を得て、データを十分に集めることです。そして、教師がその人物についてトータル的に知り、生き方に魅力を感じ理解することです。このことは、人物を扱った自作教材を作成する場合には当然のことですが、終末での逸話や格言を示す場合であっても同様なことが言えます。

このことにかかわっての筆者の苦い経験を話します。中学3年生を対象とした、内容項目が「よりよく生きる喜び」、主題は「苦難を乗り越え希望を持って生きる」での授業でのできごとでした。授業の終末で教師の説話として中村久子（幼少期に病気で両手、両足を失った方）の「人生に絶望なし」の言葉を紹介して、授業を締めくくりました。授業後、ある女子生徒が筆者のところに寄ってきて、「先生、中村さんは、そのような状況の中でどうして頑張れたんですか？」と、深刻な表情をして聞くのです。この問いに対して、そのときは詳細に中村久子について調べていなかったので適切に答えることはできませんでした。後でわかったことですが、その女子生徒は自分のこれからの人生について悩んでいたようです。そのとき、中村久子について調べておいて適切に回答していれば、彼女の生き方指針に役立ったのではないかと、忸怩たる思いをした次第です。

人物教材を授業で扱う際に心がけたいことの第二は、教科書に掲載されている場合でも自作の教材を活用する場合でも、事前に教材を児童生徒に読ませておくことです。教材の事前読みは感動がなくなるので初見で示すべきだという考え方があります。しかし、各教科で宿題があるように、道徳科で宿題があってもまったく不自然ではありません。事前に教材を読むことで人物に対する興味が湧き、活発な議論につながることが考えられます。また、教材読みの宿題の他にも、人物について調べることを課題とすることも考えられます。一人一台端末を使用すればデータの集約も簡単です。友達が調べた情報も共有し授業展開していけば理解も深まると思われます。このような中で、児童生徒が情報を得た際に、情報の信頼性を担保するために調べた情報源を明記していく習慣を身に付けていくことも、情報化社会の中では必要なことだと考えます。

そして、第三です。これは、人物教材を作成するときの留意点です。第一で述べたように、教材を自作するときは、その人物についての様々な文献を調べた上で作成していくわけですが、業績ばかりを書き並べても無味乾燥な教材となってしまいます。教材には人間の弱さや強さが表れていなければなりません。苦しみや悩みを乗り越えていく人間の強さが描かれていることが大切です。加えて、その人物には多くの道徳的価値を見出すことができますが、そのすべての価値を教材中に盛り込んでいくと散漫になるので、数多くの価値の中から一つの点に注目し、焦点化して教材にしていくことが重要です。

（参考文献）・林敦司『道徳教育と江戸の人物学』金子書房２０１４

31 教材にはどんな種類がある？ 教材のタイプによって指導法は変わる？

なぜ読み物教材を活用するのか

道徳科授業の多くは、教科書をはじめ、読み物教材を活用します。なぜ道徳科授業では、読み物教材を使うのでしょうか？　道徳科授業は、人間としてのよりよい生き方について考え、理解する特別の教科だからです。したがって、学校生活等で起こっている問題を取り上げ、それを題材にして学習するようなことはありません。道徳科授業では、学校生活のできごとを扱うことはタブーとされています。そのため、多くの授業では読み物教材を活用します。

道徳科授業では、多くの場合、道徳的に問題のある行為を扱うことになるわけですから、実生活の道徳的問題を話し合えば話し合うほど、考えれば考えるほど、該当児童生徒の心を傷つけてしまいます。そのようなことがないように、架空の話を読み物教材として活用するようにします。その結果、児童生徒は、登場人物の姿を通して、自分の問題として考え、自問自答するようになるのです。

読み物教材の種類

読み物教材は、青木孝頼の分類によれば、「知見教材」「葛藤教材」「感動教材」の３つに分類することができると説明しています。

「知見教材」とは、望ましい行動や考え方を学ぶ教材です。大切なことは、児童生徒は、たとえ知的に理解したとしても、それがすぐに実践に結びつかないことがあることを理解しておかなければなりません。そこで、「知見教材」を活用する際には、発問を工夫し、人間の弱さ・醜さを扱うような発問を行うことが大切です。

「葛藤教材」とは、登場人物の葛藤場面を中心に構成されている教材です。多くの読み物教材は、この葛藤場面が記述されています。児童生徒は、葛藤場面に触れることで、「これはよくあることだ！」「これは他人ごとではない！」などと考えられるようになります。そして、教材に対して共感できるようになります。その結果、自分の問題として自問自答するようになり、人間としての生き方を考えられるようになります。このように「葛藤教材」は、「よいとわかっていてもすぐに実行できない」「悪いとわかっていてもすぐに改善できない」人間の弱さ・醜さについて考えられる教材であると言えます。

「感動教材」とは、児童生徒が、物語に感動し、心情の深まりを目的とした教材です。道徳授業の多くは、「葛藤教材」を活用することが多いですが、時には「感動教材」を活用することも効果的です。その際は、児童生徒が、感動にどっぷりと浸かったり、ワークシートなどに自分の考えをじっくりと書いたりするなどの時間を確保することが大切です。

読み物教材の活用の仕方

教材の活用については、青木によれば、「共感的活用」「批判的活用」「範例的活用」「感動的活用」の4つの活用法を提示しています。

「共感的活用」とは、登場人物の気持ちを考える活用法です。児童生徒に教材の登場人物の心情の変化を追わせながら、自分とのかかわりで道徳的価値を理解させます。

「批判的活用」とは、登場人物の行為や考え方を児童生徒に批判させたり、道徳的な見方や考え方を深めたりする活用法です。「批判的活用」を過度に活用すると、児童生徒は、第三者的・批判的な考えに陥ってしまいますので、適度に活用することが大切です。

「範例的活用」とは、登場人物の行為や考え方などを「お手本」として、児童生徒に道徳的価値の理解を促す活用法です。「範例的活用」も、過度に活用すると、範例を押しつけることにつながる可能性があるので、適度に活用することが大切です。

「感動的活用」とは、児童生徒の感動を大切にするという活用法です。「感動的活用」は、感動を優先させるのですが、それに浸るだけで終わるのではなく、その感動から道徳的価値の理解にまで結びつけられるようにすることが大切です。

いずれにせよ、教材は、それぞれの分類に応じて活用していくことが大切です。

（参考文献）・青木孝頼『道徳でこころを育てる先生』日本図書文化協会１９８８

32 「教材を」教える、「教材で」教える、論争って何？

突然ですが、読者の皆さんは「教材を」教える派ですか、それとも「教材で」教える派ですか、二者択一で問われればどちら派ですか。

論争が生じた時代の背景

この論争が行われていた昭和の時代は「資料を」「資料で」と表現していましたが、本項では「資料」を「教材」として表記します。

道徳の時間が特設された当時は、生活主義的な指導過程が意識されていました。それは、本書の「5　青木理論以外には、どんな指導過程論がある？①」でも示したように、勝部真長の道徳の時間の基本過程に見られる「生活から―内面化―生活へ」という各種の教材を用いて生活から入り内面化を重視して生活へ還元していくという考え方です。ところが、生活を意識した指導を重ねていく中で、あまりにも生活問題に引き寄せて展開していく授業が見られるようになりました。たとえば、「借りた本を汚してしまった。どうしたらよいのだろう?」のように、実生活の問題を取り上げた授業です。このような授業は学級活動と同様であり、本来の道徳性の育成を意図した授業ではないとの批判が生じてきました。このような背景の中で、昭和40年代、50年代に読み物教材に視点を置いた「教材を」教えるのか、「教材で」教えるのかの教材の扱いの指導方法に関する論争が生じたのです。

二人の教科調査官

「教材を」教える考え方を強く主張したのは中学校道徳教科調査官を務めた井上治郎でした。井上は、「教材を」教えることを「資料即生活論」と名づけて、道徳科の中では教材から離れず教材を教えることに徹すべきだと述べています。導入においては「教材を読んでみんなで考えよう」と、すぐに教材を配り、読後に教材中の道徳的な問題を整理した上で話し合っていきます。

「教材で」教える立場による、葛藤場面などにおける「あなただったらどうするか」という問いにも反対しています。井上は、この「教材で」の主張の背後には次のような思いがあることを語っています。「教材で」ということになると、「～を教材で」のように、「～」にあたる目的語が想定されるはずです。すると、その目的語は当然のことながら道徳的価値になるはずです。このようになると、それは道徳的価値の教え込みで、戦前の修身科と同様であるというのです。井上には戦前の修身科に対する深い反省がありました。「教材で」教える考え方の立場の一人に青木孝頼がいます。青木は、「教材で」教えることを明確に支持表明していませんが、その指導過程から「教材で」教えると読み取ることはできるし、書籍における二人の連載討論からもその立場であることがわかります。

青木の道徳科指導の基本過程は、導入でねらいとする価値への方向づけをして、展開前段でねらいとする価値を追求・把握します。そして、展開後段では、井上の考えとは異なり、教材からはなれて価値の一般化を図っていきます。価値の一般化とは、ねらいとする価値の本質を児童生徒に把握させ体得することを意味しています。このように、青木の指導過程論は「教材を」活用することを通して、ねらいとする道徳的価値の一般化を図ることを目指したものです。また、このような論争の中で、指導方法の広がりを意図して、一つの教材を共感的、批判的、範例的、感動的活用の４類型を示したことも注目したいことです。

論争の結果

「教材を」「教材で」の論争では相違点が浮き彫りにされがちですが、類似点もあります。読み物教材を用いたこと、教材中の登場人物を通して考えを深めていったこと、取り組みやすい指導過程に心がけたことなどです。このように、二人の間に指導観の相違はあったとしても、読み物教材を活用することが前提となっています。このことは、その後の道徳科の指導における読み物教材の活用の一般化を方向づけていったように思われます。一方、実際に児童生徒の指導にあたる教師は、青木が小学校、井上が中学校担当の道徳教育を推進する教科調査官であったことから、戸惑いや混乱を感じていたと思います。また、指導方法の違いから小中学校の教師間で軋轢のようなものがあったとも感じています。

この論争から私たちが学ぶことは、あくまでも道徳科の目指すべきものは道徳性の育成であり、このことを念頭に置いた議論であるべきだと考えます。

（参考文献）・行安茂・廣川正昭編『戦後道徳教育を築いた人々と21世紀の課題』教育出版2012
・井上治郎『道徳授業から道徳学習へ』明治図書1991
・青木孝頼『道徳授業の基本構想』文溪堂1995

33 自己犠牲に関する教材は戦後意図的に省かれたって本当？

消えた自己犠牲の道徳的な価値は？

時代や時世の変化で多くの言葉が生まれては消えています。国によっても異なる使い方があります。白楽天の『長恨歌』（８０６年）は唐の時代の玄宗と楊貴妃との悲恋物語ですが、「何を恨む？」という問題があります。実は中国語の恨という漢字は日本のうらむ・にくむという意味はなく、『日中辞典』第3版等では残念な気持ちと哀しむようなニュアンスで掲載されています。

さて、自己犠牲という価値には言葉の変化の問題より、政治的なものがあります。戦時中に命を天皇や家族のために捧げるという意味から、命を捨てる特攻や無意味な玉砕等と同じく戦後は強く否定された価値です。明治の初期では問題のなかった家族愛も、国という家族形態に命を捧げるという価値とされました。修身科教科書の教材では、日清戦争で敵の鉄砲玉を受けても死ぬまで突撃ラッパを吹き続け、兵隊を鼓舞した陸軍兵士木口小平の英雄談が明治35年から昭和20年終戦の年まで使用されました。筆者も明治生まれの祖父にこの話を偉人伝として聞かされましたが、このような自己犠牲の教材は完全に消えています。

道徳科の価値内容はすべての人間の生き方にかかわる価値を含んでいるの?

筆者は、若いころ、「道徳の時間（道徳科）で指導する内容項目には、人間のすべての道徳的な価値を含んでいるのでしょうか?」と多くの先輩や先駆者に聞いてきました。ある方は「すべて含んでいる。項目数は決まっているけれど、児童生徒の実態をよく観察して、自分なりに道徳的な価値をねらいとして設定すればすべてだと思います」と言われました。またある方は、同様の説明をされた後、「自分や他者の生命を捨てるような自己犠牲という価値はすべて消し去って、戦後、教材も価値内容もなくした」と言われました。またある方は、「人間を超えた力や畏敬心のような価値は極めて大切だけれど、宗教心と間違えられるということから、宗教的な情操や祈ること等も捨て去ってしまった」と少し残念そうに話されました。道徳教育に邁進されたこれらの先輩方はもういません。

筆者が最初に出会った自己犠牲の教材は、三浦綾子作の小説『塩狩峠』（1968年）をもとにした中学校教材でした。1909（明治42）年に、坂でブレーキが利かなくなった列車を止めるため、身体を投げ打って命を犠牲にした実在の人物、長野政雄の生涯を描いたものです。様々な学習指導過程が工夫され、生徒は自分の生命を脅かしても他者のために生きられるものかと真剣な討論もなされました。教材としては実在した主人公を扱っていても、フィクションだったこともあり、当時は教材そのものを批判するような意見はありませんでした。しかし青少年の自殺の問題や実際の戦争等から、自分の命を犠牲にすることはタブーとされ、どこの教科書でも自己犠牲という観点から本教材は消えています。

自己犠牲のような崇高な人間的な価値は否定するものか？

道徳科の授業では、どのような観点が大切でしょうか。内容項目の「D　主として生命や自然、崇高なものとの関わりに関すること」について、多くの欧米諸国は宗教に関する分野として学校教育では教えていません。文学的な意味の自己犠牲や宗教的な情操も家庭や教会等の地域社会に委ねるという考えです。一方東アジアでは、国民の重要な資質・能力として、道徳性の育成という観点から、日本と同じ教科書でDの分野の道徳科の授業を行っています。我々日本人は時に宗教心がないと言われますが、どの他国よりも生命や自然、崇高なものへの感謝や思いを大切にしてきました。かつてハイジャック事件で「人の命は地球よりも重い」という言葉が話題になりました。命は決して犠牲にしてはならないという不文律は教えていくべきことで、この点を大切にした教育は大切です。

自他の生命の尊重は教育の根幹と言えます。したがって人間はどのような辛い局面に遭遇しても生命は粗末にしないとあらゆる機会や場所で児童生徒は教えられ、実感もしていると思われます。宗教的な情操としても、人間は苦しいとき、悲しいときに何か人間の力を超えたものに祈ることは古今東西行われています。たとえばイギリス文豪ディケンズ『二都物語』（１８５９年）で主人公は愛する女性のためにその夫の身代わりに断頭台（ギロチン）へ向かいます。また太宰治『走れメロス』（１９４０年）のテーマは友情とされますが、命を懸けた自己犠牲とも言えます。過激なテロ活動による自己犠牲を、神に召されるためという宗教心と認めることはできませんが、何か大きな自然や生命や畏敬といった人間の力を超えたものに委ねてみる心は否定できないものと考えています。

34 自作教材ってどうやってつくればいい？

優れた映画やドラマの三要素は、「一にシナリオ（あらすじ）、二に映像（美しさ）、三に役者（出演者）」とも言われています。まずは、シナリオの良し悪しで、優劣が決まるということです。自作教材も同じです。シナリオで決まります。シナリオが優れていれば、児童生徒は、教材の内容をイメージすることができます。また、道徳的価値の理解を深めることもできます。

自作教材づくりの手順

自作教材づくりの手順としては、大きく分けて二つの方法があります。一つ目は、ねらいを考えたら、ざっくりとしたシナリオを考えて、その後、細かい記述を考えていく方法です。二つ目は、ねらいを考えたら、全体のシナリオを考えずに、とにかく書き始めていく方法です。どちらの方法がよいというのではなく、自分にあった方法で書き始めることが大切です。

教材を作成する際は、主人公がいくつかのできごとを通して、考え方や行動に変化が表れるような記述を心がけます。場面ごとに、主人公の心情が変化するように記述します。また、児童生徒が共感できるように、主人公の失敗体験や挫折体験を織り込み、人間の弱さや醜さを記述するようにします。

記述の際には、いろいろな材料をあらかじめ準備しておきます。ここでいう材料とは、自分の過去のできごとや思い出、最近のできごとや考えたことなどです。これらを一つずつ思い出して教材に流し込むのです。これは、「無から有は生まれない」からです。このように教材作成する際には、作成者のこれまでの体験や考えが大いに左右するということになります。

ざっくりした教材が完成したら、一字一句、何回も校正していきます。頭の中では、常に、「この教材で児童生徒に何を考えさせるか」を自問自答しながら校正します。そして、ねらいから外れていないかを何度も確認します。

また、自分が言いたいことだけを記述するのではなく、この教材を提示したら、児童生徒が、「いろいろな考え方ができるか？」「人間の弱さ、醜さを考えられるか？」「自分の問題として受け止められるか？」なども確認するようにします。

自分が納得しても、他人には十分その思いが伝わらないことがあります。そんなときは、完成した教材をほかの先生、時には、児童生徒に読んでもらい、気がついたこと、感じたことを教えてもらうようにします。教材づくりは、自己中心的な考えに陥りやすいので、他者から客観的な意見を求めることが大切です。

その際、時として、「ダメだし」されることもあります。作成者としては、正直、よい気分ではありませんが、素直な気持ちで指摘を受け入れることが大切です。ただし、何から何まで受け入れてしまうと、自分の思いからかけ離れてしまうこともあるので、あくまでも自分のフィルターを通して受け入れることが大切です。

授業では、児童生徒が、「どのように教材を受け止めていたか」「文章は読みやすかったか」「教材はイメージしやすかったか」などを把握します。児童生徒の反応が今一つだったり、話し合いがスムーズに行われなかったりしたら、もう一度校正して、次回の活用に役立てるようにします。

納得いく教材を開発するために

時間をかければ、納得いく教材が開発できるわけではありません。何度も手直しした教材よりも、一気に書き上げた教材の方が、完成度が高いこともあります。もし、教材開発に行き詰ったら、「歩く」「風呂に入る」「昼寝する」ことなどが効果的です。それでも、うまくまとまらないときは、その教材をしばらく寝かしておいて、別の教材開発に取りかかるようにします。

教材開発を始めると、次第に教材開発に対する感性が研ぎ澄まされてきます。教材開発を怠けてしまうと、すぐに感性は鈍ります。そうならないように、朝、昼、晩の3回、教材開発に取り組むようにします。

具体的には、朝は、創作活動を行います。早朝の時間なら、作業を中断されることがないからです。昼は、給食指導の時間を活用し、目の前の児童生徒の姿を見ながら、開発した教材で授業を行っている姿をイメージして、新たな気づきを考えます。夜は、疲れているので、創作活動よりも、言葉の言い回しなどの修正作業を行うようにします。

35 教科書に掲載されていない教材は使用NG？

「名作」教材の再発掘を

NGでは、ありません。道徳の教科化により副読本の「名作」教材と言われる教材が、時代の流れとともに消えてしまいました。これは、とても残念なことです。教科書に掲載されていない教材を使用してはいけないということはありません。教科書に掲載されていない教材の方が優れているということもあるからです。そこで、時代の流れとともに消えてしまった「名作」教材を、今こそ再発掘して、児童生徒のために活用していくことが大切です。

再発掘することで、その教材が「名作」教材と言われる意味、どのように教材を生かせばよいかなど、教材を見る眼が育ち、効果的な発問を行えるようになります。

文部省「道徳教育推進指導資料」などの発掘を

「名作」教材の再発掘の第一歩としては、学校の倉庫、資料室、図書室、校長室などを改めて探してほしいと思います。具体的には、昭和から平成にかけて、当時の文部省から配布された小中学校の「道徳教育推進指導資料」などの発掘をお勧めします。

これらの教材の中には、現在まで引き継がれている「名作」教材がいくつもあります。そして、その多くは、改訂を重ねて現在に至っています。改めて教材を読んでみると、「おや？　原作と異なっているな！」「どうしてこの部分は改作されたのだろう？」などと気づくこともあります。そこで、その理由を自分なりに考えてみます。

すると、「改作により原作の持ち味が薄れてしまった」「時代の変化により仕方のなかったことかもしれない」等と、自分なりに教材を見る眼が育ってきます。その時間は、教師にとって、ワクワク感やドキドキ感のある時間になるはずです。「温故知新」という言葉は、まさにこのようなことを表している言葉であると考えます。

教材「ブランコ乗りとピエロ」の記述の違い

小学5・6年生の教材に、「ブランコ乗りとピエロ」という教材があります。

本教材は、サーカス団のリーダーであるピエロが、考え方が違うブランコ乗りのサムを理解することで、サーカスを成功させるという内容です。当初は、自己中心的な振る舞いをするブランコ乗りのサムに腹を立てていたピエロでしたが、サムの真摯に演技する姿を見て、自分もサムと同じように目立ちたい気持ちがあったと反省します。自分とは異なる立場や考えを受け入れることの大切さについて考えることができる教材です。ここで着目される点としては、道徳教育推進指導資料（指導の手引き2）と小学6年生道徳『生きる力』（日本文教出版）では、ピエロとサムが和解する記述に違いが見られることです。

道徳教育推進指導資料（指導の手引き2）では、ピエロが、サムに、「このことだけは、きみにもわかってほしい」と言って、お互いに自分だけがスターだという気持ちは、自分にとってもサーカス団にとっても捨てなければならないと思い、サムに意見をします。

一方、小学6年生道徳『生きる力』（日本文教出版）では、「君だけを責めて悪かった。これから私は、サムを手本にして努力していくつもりだ」と言って、サーカス団をもっとよくするために協力してほしいと訴えますが、サムには意見をしません。

このとき、教師が、この二つの教材を比較して、どのように受け止めるかが大切になります。たとえば、「人に意見を言うと、パワハラと思われるかもしれない。自分の否を認めるだけで、あとは協力を促した方がいいのかもしれない」と、教科書教材の記述に賛同する考え方です。

その一方で、「自分の否を認めて、協力を促すだけで、果たして、自分の考えを聞いてくれるのだろうか？　言うべきことは言う方が相手を尊重することになるのではないか」という考え方です。

どちらが正解で、どちらが不正解というものではありません。どちらの考えに立つかは、教師の価値観が問われることになります。少なくとも、指導書に書いてあることを鵜呑みにして授業を行うのではなく、二つの教材を比較することにより、自分とは異なる立場や考えを受け入れることの大切さについて深く考えることで、教師の価値観が磨かれていくのです。なお、他の教科書会社の教材には、原作のまま記述されているものもあります。


〈参考文献〉・『小学道徳　生きる力６』日本文教出版

36

教材分析表はどうやってつくればいい？

教材分析表についての理解

教材分析表には、特に決まった様式はありません。ここでは、その一例として、「教材の場面」「登場人物の心の動き」「発問の構造」「指導上の留意点」から構造化した「教材分析表」を紹介します。

その構造は、「教材の場面」を縦軸に配置して、「登場人物の心の動き」「発問の構造」「指導上の留意点」を横軸に配置するというものです。教材分析表を作成することにより、教師が教材のあらすじだけを確認するのではなく、登場人物の人間性までも読み取れるようになります。教材分析表の内容については、以下の通りです。

教材の場面

読み物教材の多くは、場面ごとに登場人物の感情が変容する構造になっています。教材を活用する際は、どの場面を取り上げて、児童生徒に何を考えようとするかを考えなければなりません。そこで、どの場面が、登場人物の心情が一番変化した場面なのかを考えるようにします。登場人物の心情が、一番変化した場面のことを中心場面と言います。この中心場面を中心に、他の場面も分けて考えるようにします。

登場人物の心の動き

中心場面をはじめ、各場面においての登場人物の心の動きを考えます。その際、教材に記述されている事実だけを考えるのではなく、登場人物の「人間の弱さ」「醜さ」「気高さ」などに着目し、登場人物の心の動きを分析するようにします。

発問の構造

中心場面で、授業のねらいに迫るための発問を考えます。中心場面における発問のことを中心発問と呼びます。中心場面以外の発問のことを主発問と呼びます。中心発問と主発問は、細切れのように捉えるのではなく、一連のつながりをもたせ、どのように関連させて、ねらいに迫るかを考えます。そこで、教材分析表では、それぞれの場面において、どのような発問が効果的なのか考えます。

指導上の留意点

「指導上の留意点」では、「児童生徒に何を考えさせるのか?」「なぜこの発問が必要なのか?」「どのような手立てで授業のねらいに迫るのか?」など、教師の発問に託す思いや願いを記述します。「視聴覚教材を活用する」「ワークシートを記入する」など、方法論を記入するのではなく、ねらいに迫るための教師の意図を「指導上の留意点」の欄に記述します。

以上のことを留意した上で、次に、中学1年生の道徳科教材「銀色のシャープペンシル」の教材分析表の事例を紹介します。

この教材は、友達のシャープペンシルを拾った主人公が、周囲の目を気にして、自分のものにして使ってしまったが、そのことを言い出せず、ごまかし続けます。主人公は、「疑ってごめん」と謝罪の電話をしてきた友達の行動から、自分の方こそ、弱さ醜さに打ち勝ってよりよく生きていこうと一歩踏み出そうとする内容です。

なお、本教材分析表は、内容項目D—(22)「よりよく生きる喜び」を主題にして作成したものです。

教材の場面	登場人物の心の動き	発問の構造	指導上の留意点
清掃時間に、銀色のシャープペンシルを見つけた場面	新しいし、芯も入っているからちょうどいいやと思った。	主人公は、銀色のシャープペンシルを見つけたとき、どんなことを考えていましたか。	誰も見ていないので、自分のものにしてしまう心の弱さに触れる。
友達が、主人公の見つけたシャープペンシルに気づき、疑われた場面	自分がくすね取ったと思われるのが嫌で、思わず自分のだと言い張った。	主人公は、どうして、そのとき、友達のものだと言えなかったのですか。	人間は誰しも、ごまかそうとする弱い心があることに気づかせる。
主人公が、授業中に疑われたことを気にして、シャープペンシルを戻した場面	友達のロッカーに戻し、何もなかったことにしてしまおうと思った。	主人公は、友達のロッカーにシャープペンシルを戻すとき、どんなことを考えていましたか。	「バレなければいい」と思う主人公の心情に触れる。
主人公は、友達から自宅に電話があり、黙って外に出て歩き始めた場面	心の弱さに負けた自分を思い出し友達に謝らなければならないと考え始める。	主人公は、外に出て自分を振り返ったとき、どんなことを考えていましたか？	弱い心に打ち勝とうと自分に言い聞かせている主人公の心情に触れる。
主人公が、友達の家に向かって歩き始めた場面	弱い心に打ち勝つことが、よりよく生きることにつながると考え始める。	どうして、主人公は、モヤモヤした気持ちが晴れたのですか。	自分の弱い心を認め、よりよく生きようとすることが大切であることに触れる。

「銀色のシャープペンシル」教材分析表

37
道徳教育と道徳科の目標等が、総則と道徳科の両方に説明があるのはなぜ？

学習指導要領総則は日本の教育の羅針盤

日本の教育の方向性は中央教育審議会への諮問とその答申から、内容等について学習指導要領で示されてきました。総則には全教育を具現化するための羅針盤の役割があります。戦後から、教科・道徳・体育及び健康教育の三本柱でバランスよく構成されています。今回、２０１７（平成29）年版では、この道徳教育の部分が質量ともに書き足されました。日本の教育の根幹が、教育基本法の人格の完成を目指す人間教育であることと道徳教育であることがより明確になったと考えられます。各教科等は、総則を軸に、内容が書かれてきました。２０１７（平成29）年の学習指導要領では目指す指導理念は生きる力で、育成すべき資質・能力を３点（知識・技能、思考力・判断力・表現力等、学びに向かう力・人間性等）で構造化し、その育成は主体的・対話的で深い学びによって実現されるとされています。これは２０１６（平成28）年中央教育審議会の答申にて授業改善の視点として示されたもので、内容とともに方法についても言及されているのです。具体的な方法の記述は、学校や先生方の創意工夫をせばめるのではないかという懸念で長い間明記されてきませんでしたが、戦後初めての試みです。目指す目標やねらいがあっても、方法についてさらに工夫改善を求めていると捉えられ、したがってよりよく生きる人間を目指す総則の理念は、第３章道徳科の内容と方法に直結した表現になっています。

学習方法を明確にした道徳科授業づくり

具体的には、学習指導要領の総則で、道徳教育の目標を「道徳性を養う」として、道徳科の目標と一致させました。そして第３章特別の教科　道徳の目標では、より学習活動を具体化するため、従前「道徳的価値及びそれに基づいた人間としての生き方についての自覚を深める」から「道徳的諸価値についての理解を基に、自己を見つめ、物事を広い視野から多面的・多角的に考え、人間としての生き方についての考えを深める学習を通して、道徳性（道徳的判断力、道徳的心情、道徳的実践意欲、道徳的態度：４諸様相）を育てる」と改訂しました。

今、指導内容とともに、どのような方法で授業づくりをすべきかを明確にした授業構想が求められているのです。このことは文部科学省教育課程部会（２０１６年）の全教科等でも同様で、「どのように学ぶか」という方法知を明確にした改訂に準拠しています。今回は積極的に主体的・対話的で深い学び（アクティブ・ラーニング）の視点からの学習過程の改善・実践が強く求められていると考えられます。

下図（文部科学省ＨＰより）の右下「どのように学ぶか」の部分が方法知です。主体的・対話的で深い学びをアクティブ・ラーニングの観点から示しています。

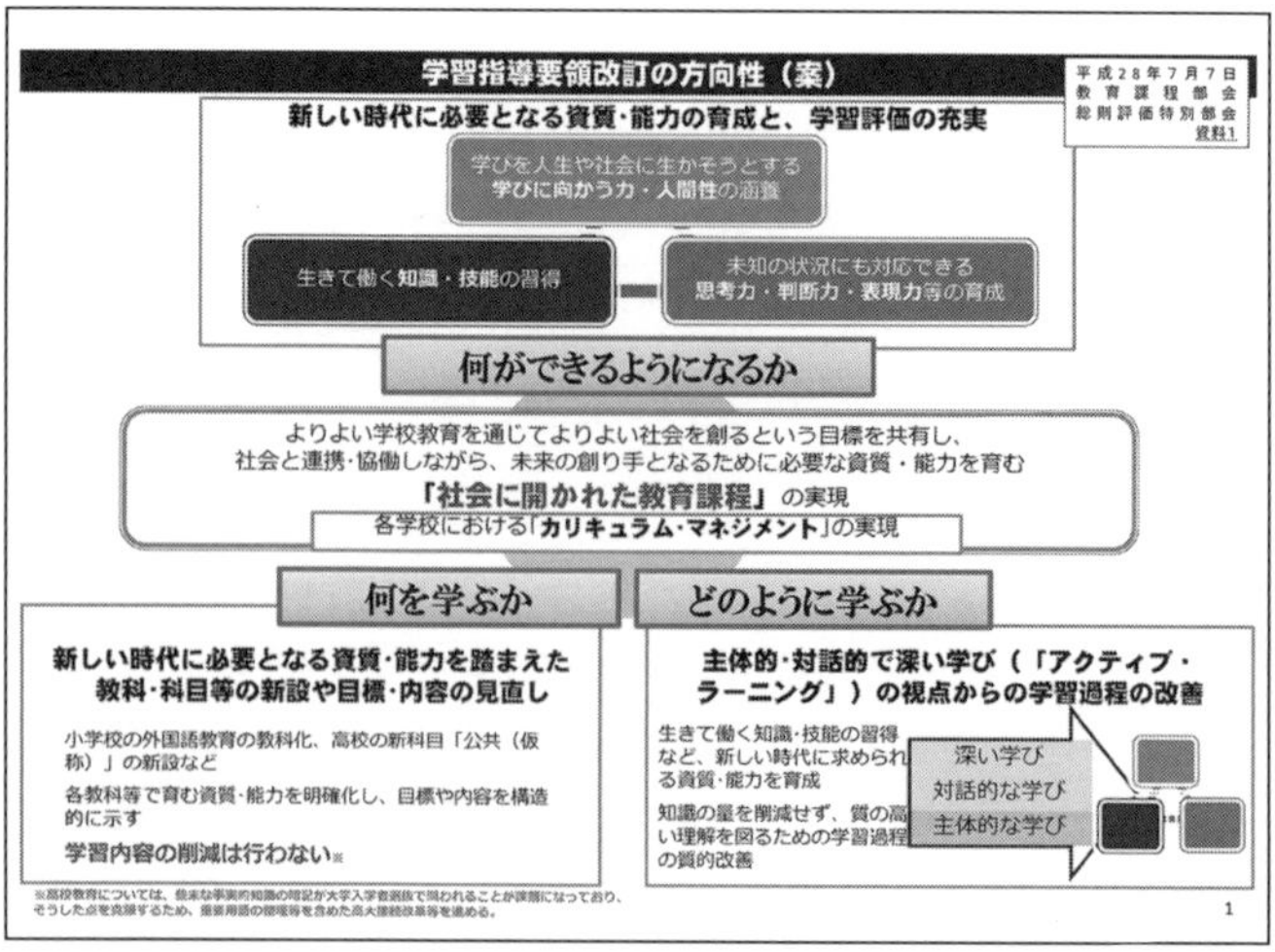

道徳科授業のねらいは「方法知＋目標知」

実際に、教材「足袋の季節」で、ねらいを考えてみましょう。
○主題名　人間として生きる喜びの大切さ　※ねらいに関する指導観を明確にする
○内容項目　Dよりよく生きる喜び　○教材名「足袋の季節」出典（１９６７年）文部省中学校指導第三集　○主題設定の理由　略
○ねらい
人間には弱さや醜さがあるがそれを乗り越え、前向きに自分を考えていく強さや気高さがあることを自覚させる学習を通して、人間として生きていく喜びを見出そうとする（道徳的）実践意欲を育てる。
指導方法も書くことで、具体的に「考え、議論する」場面や自己及び他者対話の機会設定を構想します。特に中学生の発達段階では、ある程度善悪についてわかっているため、自分の人間としての生き方の問題として、真剣に自分を見つめ、深く内省させることができる「ねらい」を具体的な指導方法とともに工夫することが大切です。

（参考文献）・鈴木明雄・江川登編著『考え議論する新しい道徳科　実践事例集』日本文教出版２０１９

38 道徳科の特質は、道徳科の目標にあることだけでよい？

道徳科の特質とは何か？

道徳科の特質については、平成29年告示『学習指導要領解説　特別の教科　道徳編』をもとに説明される場合が多いようです。総則に示す道徳教育の目標に基づき、「よりよく生きるための基盤となる道徳性を養うため、道徳的諸価値についての理解を基に、自己を見つめ、物事を広い視野から多面的・多角的に考え、人間としての生き方についての考えを深める学習を通して、道徳的な判断力、心情、実践意欲と態度を育てること」をベースに、目標の方法知の部分が道徳科の特質であると読むわけです。次に、中学校編解説をもとに４つの視点から道徳科の特質を考えてみます。

道徳科の目標を特質とする

（1）道徳科の特質を目標から理解する（解説76頁）

目標の文言から分析的に整理してみますと
○道徳的諸価値についての理解を基に、
○自己を見つめ、
○物事を広い視野から多面的・多角的に考え、
○人間としての生き方についての考えを深める学習
これらを道徳科の特質として説明されることが多いようです。

しかし、例として中学校道徳科解説で「特質」を検索すると74か所に記述があり、教科の特質に関する記述も67か所あります。確かに、道徳教育（道徳科）の目標の前半の方法知にかかわる部分を特質と言われる方もいますが、次の（2）～（5）のように、やや広義に捉えることも必要と考えられます。

道徳科の特質を広く捉える

（2）道徳科の特質を生かした学習指導（解説80頁）

ここでは、教科等の学習指導過程が「導入→展開→まとめ」であるのに対して、道徳科では「導入→展開→終末」です。まとめることができないことがあり、答えが一つではなく正解は存在しないことがあるとします。これも特質と考えられます。

（3）問題解決的な学習、体験的な活動など多様な指導方法の工夫をする（解説77頁）

ここでは、学校の教育活動全体で行う道徳教育の要として、それぞれの教育活動で行われた指導を補ったり、深めたり、まとめたりするなどの役割を果たす道徳科の特質を踏まえ、ねらいに含まれる道徳的価値の側面から他の教育活動との関連を把握し、それを生かした授業を工夫することが大切であると述べられています。いわゆる補充・深化・統合の機能を示していて、道徳科の特質と考えられます。

（4）道徳科の特質を生かした計画的・発展的な指導（解説88頁）

道徳科の特質は、学校の教育活動全体を通じて行う道徳教育の要として、道徳的諸価値についての理解を基に、自己を見つめ、物事を広い視野から多面的・多角的に考え、人間としての生き方についての考えを深める学習を通して道徳性を養うことであるとされ、道徳科は学校の教育活動全体を通じて行う道徳教育の要であるという特質が述べられています。

（5）内容項目の指導の観点（解説24頁）

ここの内容（小学校低学年19・中学年20・高学年22→中学校22）は、教科等のような達成目標ではありません。方向（向上）目標と言われ、「できた・できない」という達成評価をしません。この点も他教科と比べて道徳科の重要な特質と考えられます。

以上、道徳科の特質の説明には（1）を基本に（2）～（5）を考える必要があります。

道徳科の特質の本質を理解する

教科の特質は、目標の評価規準があり達成目標が明確です。したがって指導理論によって多様な教材が開発されています。一方、道徳科は内容項目に関してねらいを定めても、教材のもつ特徴が強く、ただ提示するだけではねらいとする道徳的価値に向かわないこともあります。指導する道徳的な価値に関する児童生徒の実態をよく見据えた授業展開が求められており、やりがいと面白さがあることも大きな特質と考えてみたいところです。

39 道徳的な価値の理解って、どのようなこと？評価できるの？

価値理解、人間理解、他者理解

道徳科の目標は、学習指導要領に「よりよく生きるための基盤となる道徳性を養うため、道徳的諸価値についての理解を基に、自己を見つめ、物事を（広い視野から）多面的・多角的に考え、自己（人間として）の生き方についての考えを深める学習を通して、道徳的な判断力、心情、実践意欲と態度を育てる」（カッコ内は中学校）とあります。この文中に「道徳的諸価値の理解を基に」とあることから、道徳性を育むための道徳科授業においては、道徳的諸価値を理解することが大前提になっていることがわかります。では、この道徳的諸価値を理解するとはどのようなことなのでしょうか。

道徳的価値そのものは、よりよく生きるために必要とされるもので、人間としての在り方や生き方の礎となるものであり、他者と円滑に生活する上で欠かせないものです。この道徳的価値を理解することについて、小学校解説では、およそ次のような3つとして捉え説明しています。

○価値理解：人間としてよりよく生きる上で、大切なことであると理解すること。

○人間理解：道徳的価値は大切であってもなかなか実現することができない人間の弱さなども理解すること。

○他者理解：道徳的価値を実現したり、実現できなかったりする場合の感じ方、考え方は一つではない、多様であるということを前提として理解すること。

中学校解説にも他者理解や人間理解の文言が示されており、道徳的価値を理解するとは、概ね、価値理解、人間理解、他者理解の視点から捉えることが妥当だと思われます。また、中学校解説には、道徳的価値の理解には、価値を自分との関わりで問い直すことや複数の価値から価値選択を迫られる体験を通して価値理解が始まると述べられていることも確認しておきたいことです。

これらのことに加えて、筆者は道徳的価値を理解することについて次のような視点からも捉えられるのではないかと考えています。道徳的価値は、他の価値と全く切り離されて存在するものではありません。相互にかかわり合って存在するものです。このことについて具体例をあげて説明すれば、「家族愛」という価値は、他の価値とまったくかかわりがなく存在するものではなく、「思いやり」「生命尊重（受けつながれた命）」「（家族の中での）役割や責任」との価値の関連があるはずだということです。道徳的価値を理解するとは、このような価値と価値の相互のかかわりを把握することも含まれると捉えられます。特に、道徳科指導においては、この意味での価値理解をしっかりと押さえておくことが重要だと考えます。

道徳的価値理解の評価

解説には「学習状況を分析的に捉える観点別評価を通じて見取ろうとすることは、児童（生徒）の人格そのものに働きかけ、道徳性を養うことを目標とする道徳科の評価としては妥当ではない」と明示されています。確かに、1時間の授業で道徳性が育まれた否かを判断することは困難だし、そもそも人格の基盤である道徳性は評価すべきものではないでしょう。しかし、指導と評価の一体化の立場から考えると、授業を行った以上、評価はしていくべきだし、価値を理解することについてはある程度の評価は可能だと思います。

道徳的価値を理解することについての評価の観点（視点と観点の違いについては「45 道徳科の評価の視点と評価の観点、どう違う？」を参照）は、上述の価値理解、人間理解、他者理解を評価の観点として設定し見取ることができると思います。道徳授業でのねらいである道徳的価値について、価値が大切であることを理解したか、大切だとわかっていても価値実現の難しさを理解したか、その価値観の多様さを理解したかということを見取っていけばよいことになります。ただ、理解することについて注意しなければならないことがあります。それは、理解の程度の問題です。

例えば、「関ケ原の戦い」にかかわっての理解について、単に名前だけは知っている段階、ある程度の事実内容を把握している段階、戦いが起こった背景や歴史的な意味も説明できる段階と理解についても程度の差があります。道徳科でも同様であり、ねらいである道徳的価値に対して、その重要性はこれまでも何度も聞いているので知識として知っている段階、自分ごととして捉えている段階、その価値を生活の中に生かしていこうとする段階があると思われます。道徳的価値理解の評価は、縦軸に価値理解、人間理解、他者理解とし、横軸に各段階を設定したマトリックスを作成し、評価していくことが可能ではないかと考えます。

40 道徳教育の全体計画、道徳科の年間指導計画、別葉って、それぞれどんな関係？

道徳教育の全体計画で指導の方針を考え、道徳科の年間指導計画と別葉で実践

計画はよく絵に描いた餅と批判されます。それは十分な活用ができないからです。新規採用のAさんは、大学時代の道徳教育論で道徳教育の計画は3点ほどあることは知っていました。しかし担任となって、3つの計画の関連を捉えて、道徳科の授業をどう計画していったらよいのか悩んでいました。中堅教員のBさんに聞いてみると、道徳教育はすべての教科等だけでなく学校の教育目標等とも関連していて、道徳科の授業はその要の役割・機能があると説明を受けました。しかし忙しい毎日なので、道徳科の教科書の発行会社の指導書の道徳科の年間指導計画をそっくり真似ていこうと思っているとのことでした。計

画の3点をどう捉えたらよいのでしょうか。また有効活用のよい方法はあるのでしょうか。

教科等ですと、指導の方針は系統的なものが多く、教科書の指導書には達成評価目標が明記されています。年間指導計画で実際の授業内容やねらいを確認し、指導時数を確認しながら授業に臨みます。教科等の独立性が比較的強いと考えられます。ところが、道徳教育の計画はすべての教育活動との関連が図られる必要があることから、学校の教育目標、地域社会の特徴や児童生徒・保護者の実態等を十分に考慮した全体計画が求められます。全教育活動として、教科・特別活動・総合的な学習の時間等の領域の目標や指導指針をよく考えながら、目の前の児童生徒の実態に見合った指導が大切になります。

道徳科の授業に至る流れ

①道徳教育の全体計画をもとに、学校全体の様々な教育活動との関連や重点目標を確認します。

②次に、全体計画の別葉と考えてよいのですが、道徳科と各教科等すべての指導計画の流れを押さえます。行事がうまくいくように道徳科の授業を考える（セット化と批判する人もいます）のではなく、道徳科の授業が他の教科や行事等とどのように進んでいくか

日程やねらいをよく見ながら、道徳科の授業の価値を高める工夫をしていきます。
③道徳科の年間指導計画は、他の教科等と同様に授業計画ですので、年間35時間ほどについて、ねらい・教材・主な授業展開を押さえます。
これで計画通りに、道徳教育として道徳科の授業を要に順調に行われるとは限りません。

児童生徒の道徳性に関する実態把握を心がけることが大切

実は、全体計画は学校のベテラン教員や道徳部が作成し、全教員でその構造や目指すことが十分に練られているとは限りません。特に、新規採用や異動してきた教員は、学校教育の目指すことについて道徳教育をどう位置づけているのかはわかりにくいと思われます。なお、道徳科の年間指導計画は、検定教科書があるので、教科書会社が作成したものをアレンジして使用する場合が多いと思われます。

実際の道徳科の授業を行い、指導を評価し、修正や新しい視点の工夫を繰り返すと考えれば、計画通りの実施だけでは意味はありません。少なくとも、担任や学年の教員として、目の前の児童生徒が年間を通して、どのように変容しているのかを把握していく必要があります。

目の前の児童生徒の道徳性の実態に寄り添った道徳科の授業を柔軟に展開する

２００８（平成20）年度道徳の学習指導要領解説で、「学級における指導計画」の作成を求めていました。現在は、チーム学校・学年の指導が重視され、学級経営の方針として道徳教育や道徳科の計画を作成することは担任が負担ということで必要性は言われなくなりました。しかし、児童生徒のよりよい生き方を目指す道徳教育と道徳科の授業であれば、毎日とは言えなくても、一月、一学期ほどの時間軸で観察をしてみると、結構な変容があるものです。そのとき、児童生徒が今求めている道徳科の内容が定まってきます。

同じ内容項目の授業でも、考えたり議論したりする視点は複数あります。ねらいを明らかにして授業を進めることは大切ですが、道徳科の指導する内容項目は達成目標のような評価規準ではないので、大まかな内容が向上目標として掲げられています。そのねらいに向かって、児童生徒が自分ごととして考え、学級の仲間との議論から新しい自分の発見が少しでもできればよいと考えたらいかがでしょうか。計画は達成するものというよりも、指導内容を柔軟に豊かなものに変えていくものと考えられたらよいと思います。

41 道徳科の内容項目は、A～Dの4つに分類されているけれど、いつから？　この分類の意味と理由は？

内容の分類は自分を取り巻く4つの分野にまとまった、なぜ？

　1958（昭和33）年、戦後初めて道徳の時間が特設されたとき、指導内容は、人間尊重の精神を具現化した3観点で、生活の在り方に根ざした内容が多いものでした。※以下、中学校内容を中心に紹介しますが小学校も概ね同様な内容です。

①日常生活の基本的行動様式　5項目　（参考）整理整頓の内容を明示
②道徳的判断力と心情、対人関係で豊かな個性と創造的な生活態度　10項目
③民主的な社会及び国家、よりよい社会の建設　6項目

　また旧文部省から指導資料が出されるまで、全国の先生方は郷土や世界の偉人から資料を発掘作成したり自作で教材を開発したりしました。まだ内容には系統的な分類はありま

せん。日本の道徳教育の内容項目の変遷は『新道徳教育全集第4巻』(1)を参照ください。

1969(昭和44)年、指導の着眼点を付記した13の内容項目になります。

1生命尊重、心身の健康(一)生命尊重(二)自制・調和 ※二つの着眼点付 以下略

2基本的行動様式、3積極性・強い意志、4自主性、責任、5寛容、謙虚、6勤労、幸福、7真理愛、創造的な態度、8人間愛、9友情、10集団の成員としての自覚、11遵法精神、権利と義務、12公共心と公徳心、13愛国心、人類愛

1977(昭和52)年、現行の内容項目の形態に近づいていますが、まだ分野としてまとめられていません。

1生命尊重、心身健康、節度・節制、2望ましい生活習慣、3積極性、強い意志、4人間としての自覚、自主自律、5いろいろな見方や考え方、他に学ぶ広い心、6勤労の尊さ、真の幸福、7真理愛・真実希求、理想の実現、8人間として生きる喜び、人間愛の精神、9自然愛、美しいものへの感動、豊かな心、10友情の尊さ、互いの向上、11男女の人格尊重、健全な異性観、12家族愛、郷土愛、共同生活充実、13集団の意義理解、集団生活の向上、14公共の福祉、社会連帯の自覚、15法の精神と権利・義務理解、社会規律向上、16日本人としての愛国心、人類の福祉寄与

1989（平成元）年、学習指導要領の改訂で初めて、道徳教育、道徳の時間の指導する内容は4つに分類されて示されました。内容項目のキーワードは略。

1　主として自分自身に関すること

2　主として他の人とのかかわりに関すること

3　主として自然や崇高なものとのかかわりに関すること

4　主として集団や社会とのかかわりに関すること

自分を中心に取り巻く社会が広がっていくと捉えられることから、とてもわかりやすく整理されたと思いました。当時の中学校教科調査官（道徳・倫理担当）金井《かない》肇《はじめ》に、筆者は直接この分類について質問をしたことがあります。古今東西そして日本の倫理・哲学の先人の思想を中心に検討をし、ドイツの哲学者ヤスパースの考えを参考にしたと言われました。ヤスパースは実存哲学者（自分の認識が中心で大切という思想）とされていますが、本人は畏敬の念等に価値を認めることから実存思想ではないと言っています。さらに彼は、人間が社会的に生きていく存在であるためには、自然や畏敬の念等、自分の存在をもっと広く崇高な視点から考えることができなければならないと人間や自分を超えたものの大切さを述べているのです。現在上記の1から4の分類は、3と4を入れ替えてA～Dとなっています。人間の生き方としては本来の平成元年版の分類に意味があると思います。

D　主として生命や自然、崇高なものとの関わりに関することは日本の道徳教育の根幹

実は、欧米諸外国ではこのDの内容は宗教教育の範囲として公教育では教えないことが多いのです。諸外国でも道徳科に近い教科がありますが、日本の内容A～Cまでとなっています。日本人は有史以来多くの自然災害に見舞われてきました。自分だけの力では生きていけないことや自然災害を防いでくれる畏敬の存在を崇めてきました。現代社会では、祈ること自体を不条理で科学的でないとする人も多く、宗教的情操という教育用語も消えています。しかし祈らずにはいられない災害国に生きる日本人は、宗教に限定するのでなく、自然や人間の力を超えた畏敬の念の大切さはわかると思います。したがって新しい内容項目のD分類は重要な人間の生き方を支えていると考えています。

〈参考文献〉・(1)日本道徳教育学会全集編集委員会編著『新道徳教育全集第4巻　中学校、高等学校、特別支援教育における新しい道徳教育』学文社２０２１　21―28頁

42 道徳科の内容項目は、学習指導要領改訂にそって様々に変化しているけれど、内容はどのような経過で作成されたの？

道徳科の内容項目は、日本の明治から現代まで積み上げてきた道徳的価値の継承

日本の道徳科に関する指導内容は、時代的に批判されたこともありましたが、明治時代から次のような変遷があります。主に中学校の内容を紹介しますが小学校も概ね同様です。

1890（明治23）年

教育勅語……天皇が「朕思うに…」と個人的な内容と捉えられることや第二次世界大戦等の自己犠牲の死生観から否定されてきたが、現在にも通じる慈愛・学修修養・公共福祉・法令順守等の価値内容がある。戦前までは道徳科ではなく修身科という筆頭教科であ

る。戦後、修身科はGHQの政策ですべて否定され、現在に至る。

1953（昭和28）年

国民実践要領……個人・家・社会・国家の四分野

1955（昭和30）年

社会科で道徳内容……民主的社会生活の人の道徳的な在り方として、アメリカにならい新しい社会科という教科の内容とした。○人間尊重の精神と豊かな心情・生活態度○自主的で統一のある生活態度○清新で明るい社会生活を営む生活態度○創造的に問題解決を行う力

1958（昭和33）年

3つの観点による人間尊重の精神の具現……○日常生活の基本的な行動様式5項目○道徳的判断力と心情・対人関係で豊かな個性と創造的な生活態度10項目○民主的な社会及び国家・よりよい社会の建設6項目

1969（昭和44）年

13の内容……○生命尊重・心身の健康○基本的行動様式○積極性・強い意志○自主性・責任○寛容・謙虚○勤労・幸福○真理愛・創造的な態度○人間愛○友情（男女交際含む）

○集団の成員としての自覚○遵法精神・権利と義務○公共心と公徳心○愛国心・人類愛

1977(昭和52)年

16の内容項目……○生命尊重・心身健康・節度節制○望ましい生活習慣○積極性・強い意志○人間としての自覚・自主自律○いろいろな見方や考え方・他に学ぶ広い心○勤労の尊さ・真の幸福○真理愛・真実希求・理想の実現○人間としての生きる喜び・人間愛の精神○自然愛・美しいものへの感動・豊かな心○友情の尊さ・互いの向上○男女の人格尊重・健全な異性観○家族愛・郷土愛・共同生活の充実○集団生活の向上○公共の福祉・社会連帯の自覚○法の精神と権利・義務理解・社会規律向上○日本人としての愛国心・人類の福祉寄与

1989(平成元)年

初めて4観点で内容分類

1 主として自分自身に関すること

2 主として他の人のかかわりに関すること

3 主として自然や崇高なものとのかかわりに関すること

4 主として集団や社会とのかかわりに関すること(各道徳的な価値内容は省略)

1998（平成10）年　※平成元年とほぼ同じ。健全な異性観→男女の正しい理解
2008（平成20）年　※平成10年とほぼ同じ。
2017（平成29）年　※平成20年とほぼ同じ。異性の理解は友情に統合。

4番目の集団や社会とのかかわりに関することを3番目に上げて、自然や崇高なものとのかかわりに関することを最後に置いた。
以上、日本の道徳科に関する内容項目について変遷を理解しておくとよいと思います。

指導内容から教科書を作成し学ぶ道徳科は、東アジアの特徴

内容を定めて教科書テキストを使用した道徳科授業が計画的に実施されている国は東アジアの日本・中国・韓国・台湾が中心です。古今から大切にしてきた人間の生き方に関する価値をもとに、多様な経典や東洋哲学、道徳的や儒教的な内容も探究してきた結果です。欧米では自分の体験を重視し、クリティカルな批判を重視してきました。
道徳科の内容項目を考えるときは、日本での作成経過とともに世界の情勢を見据えてグローバルな視点で概観していくことが大切です。

（参考文献）・日本道徳教育学会全集編集委員会編著『新道徳教育全集第4巻』学文社2021

43

道徳教育・道徳科の内容には、キーワードがついています。このキーワードがついた理由と扱いは?

初めて内容に道徳的価値にかかわるキーワードが付記される

学習指導要領解説に、初めて道徳教育及び道徳科の指導のための内容(内容項目)に、内容を理解するための手がかりとなる言葉が付記されました。同年の中央教育審議会の議論では、キーワードと呼ばれ、初めて道徳教育や道徳科の指導について学ぶときにわかりやすいように考えられたものです。

昭和33年の特設道徳(道徳の時間)から、指導のための内容はありますが、道徳的な価値にかかわる徳目的な言葉で表現することはありませんでした。理由は、たとえば道徳科の授業の導入で、「今日は『思いやり』について学習します」と示した場合、児童生徒が考えたり議論したりする前に、すでに学ぶべき内容がわかり思考停止になる、または自由な発想や意見交換に制限がかかり、「思いやり」という言葉で議論が展開されて考えが広がらないという懸念があったからです。

しかし、児童生徒の道徳科の授業を参観する限り、キーワードのため、考えが狭まったり停滞したりすることは見られません。「赤信号は渡ってはならない」というきまりは誰もが知っています。このような規則でも、考えを述べ合ったり議論を深めたりすることで、個人の考えが深まっていくことが道徳科の役割だからです。

内容知とともに方法知も重視した新しい発想の指導観

学習指導要領の改善（答申）では、道徳科だけでなく教科等でも、より学習方法を明確にした授業づくりが強く求められています。総則では、道徳教育の目標を「道徳性を養う」として、道徳科の目標と一致させ、第3章特別の教科　道徳の目標ではより学習活動を具体化するため、従前「道徳的価値及びそれに基づいた人間としての生き方についての自覚を深める」から、「道徳的諸価値についての理解を基に、自己を見つめ、物事を広い視野から多面的・多角的に考え、人間としての生き方についての考えを深める学習を通して、道徳性（道徳的判断力、道徳的心情、道徳的実践意欲、道徳的態度：4諸様相）を育てる」と改訂しました。

内容知である指導内容とともに、どのような方法で授業づくりをすべきかを明確にした授業構想が求められているのです。このことは文部科学省教育課程部会の全教科等の「どのように学ぶか」という方法知を明確にした改訂にも準拠しています。かつて、方法知の明示は学校・教員の指導方法の単一化・形骸化を避けるためと言われてきましたが、積極的に主体的・対話的で深い学び（アクティブ・ラーニング）の視点からも学習過程の改善・実践が強く求められていると考えられます。

児童生徒の実態をよく観察した主題名を明示

ベテランの先生の中には、道徳科の授業の最初に、道徳的価値にかかわる言葉を明示しない方もいます。方法に絶対はありませんので、目の前の児童生徒の実態に応じた柔軟な学習指導過程でよいのです。しかし、今日、多くの道徳科では主題名が板書されるようになりました。学習指導要領では、ねらいと教材、それに道徳的価値にかかわる言葉を児童生徒の実態に合わせて主題名を書くとされています。ここで注意したいことは、内容のキーワードは道徳科の内容のすべてを表現しているわけでないということです。内容理解の手がかりとする言葉と言われるように、大まかな主たる道徳的価値を表現しています。中学校では22の内容項目があり40ほどのキーワードがありますが、実際の授業では70から80ほどの道徳的価値について、主観を考えているという教員もいます。

中学校内容項目A―(1)のキーワードは、自主・自律・自由と責任の3つです。しかしそのキーワードは小学校の内容項目を統合したもので、善悪の判断・自律・自由と責任・正直・誠実等があります。担任の先生等が自分の指導観を明確に示し、主題名を授業の最初に、「自主・自律の大切さ」「自由と責任をどう両立するべきか」等を提示する工夫で児童生徒は学習すべき視点をはっきりさせることができます。また1時間で学んだ学習について、自分を振り返る自己評価、どう考え行動し生きていくべきかという人間としての生き方の問いに対しても、生涯にわたって考えていくべき内容がキーワードとして自覚されていくことも期待されます。

キーワードを徳目として暗記させることには意味がありません。しかし児童生徒が、将来や未来に出会う様々な問題や道徳的な判断場面に遭遇したとき、仲間と先生と学んだ道徳科の授業内容が、たとえば「思いやり」というキーワードで想起され、価値観として統合され実践されていくことが道徳科の役割と言えるのです。

44 道徳科に評価規準がないのはなぜ？

教科と特別活動、総合的な学習の時間には評価規準がある

たとえば算数や数学科の教科で、単元構想や授業構想をする場合、評価規準が拠り所になります。なぜでしょうか？

それは教科の単元や授業では「できた・できない」という明確な目標設定をするからです。単元の目標は、一つの授業目標であり、さらに下位目標を設定しながら児童生徒の学習の習得を測定・評価することが求められます。具体的には、国立政策研究所のホームページ等を参照し、評価規準をもとに単元構想をします。さらに、授業の目標（ねらい）を評価規準から設定します。そして確実に授業の内容について、達成できたかを評価します。

道徳科の内容は方向目標【向上目標】であり、評価規準は設定しにくい

ところが、道徳科にある内容（項目）は、目標の目安であって、達成目標ではありません。確かに特別活動に設定されている評価規準も似たように思われ、目標を達成できたかという視点、いわゆるドメイン評価はできます。しかし、道徳科の内容で、中学校B―(6)「思いやり、感謝」について、個々の生徒について、絶対的にも相対的にも比較して「できた・できない」という評価は、トータルの人間の道徳性を分析的に捉えることができないことから意味がありません。または下学年は上学年に比べて十分には「できていない」という評価も、学年の発達段階を考慮しない評価としては不適切です。

道徳科の内容に評価規準を設定する工夫

道徳科でも、個人内評価として、児童生徒が自らポートフォリオ等をつくり、自らの道徳性の向上を見取る工夫が、日本道徳教育学会等で発表されています。この手法は、担任等の道徳科授業の指導者が児童生徒との信頼感のある温かい人間関係のある学級等で、丁寧に、自分なりに理解している道徳的価値に段階をつけ、自ら表等にまとめ、ステップを

踏んでいくような取り組みが求められます。つまり、一律に、思いやりという道徳的価値に段階をつけ、上がり下がりを測定するものではありません。この問題に取り組んだ論文等もいくつかあります。

また、過去には、アメリカのローレンス・コールバーグが、道徳性発達理論を提唱しました。目に見えない道徳性の評価ということで世界的に注目されました。ハーバード大学でコールバーグに師事し、研究論文や書籍を発表してきた岩佐信道は、「コールバーグは、道徳性の判断力は幼年期と思春期を通じて徐々に発達するとして3年毎に20年間72人の少年に対してどちらを選択しても満足できないような葛藤する質問調査を行い、およそ3レベル・6つの段階が認められることを示した。しかし条件が限定的な調査のため、児童生徒の社会性や環境、性差等の吟味も問われ、本人も修正を加えるとともに多くの反論や新しい理論が生まれている」(1)と述べています。道徳性には発達段階があることはある程度理解できますが、児童生徒の内面の自己評価にかかわることからも簡単には断定・特定できないものであることもわかります。

したがって、道徳性は簡単には評価規準を設定できないのですが、児童生徒の道徳性を見守り育成する重要性は常に指摘され、考えられているのです。

「指導と評価の一体化」のための学習評価に関する参考資料は道徳科のみなぜ発行されない？

文部科学省では、内容項目について、分類や数、評価、教員の指導のしやすさ等は検討をしています。しかし文部科学省や国立教育政策研究所が、一律の道徳科の評価規準を示すことには慎重です。具体的には、全教科・特別活動・総合的な学習の時間にある評価規準をもとにした『「指導と評価の一体化」のための学習評価に関する参考資料』という文部科学省が発行している書籍は、道徳科のみ発行されていません。人間がよりよく生きていくための道徳性について、「できた・できない」という外面的な評価はかなり慎重な態度と技術が必要であるとして作成はされていないのです。

今後の課題として、道徳科にも指導と評価に関する指導資料を作成し、道徳性をどう評価すべきか議論することも大切と考えるところです。

(参考文献)・(1) L・コールバーグ著、岩佐信道訳『道徳性の発達と道徳教育』広池学園出版部1987

45

道徳科の評価の視点と評価の観点、どう違う?

道徳科の評価の捉え方

道徳科の評価については学習指導要領で次のように明記されています。

「児童(生徒)の学習状況や道徳性に係る成長の様子を継続的に把握し、指導に生かすように努める必要がある」

道徳科の目標が「よりよく生きるための基盤となる道徳性を養うため」とあることから、評価は道徳性がどれだけ養われたかを評価しなければならないと思いがちです。しかし、評価についての説明文を確認すると、道徳科の評価は「道徳性に係る成長」とあり、道徳性そのものの成長の評価でないことがわかります。道徳性そのものではなく、【道徳性が養われることにかかわっての成長】を評価していくということです。たとえば、他者の考えを傾聴したり、道徳的な問題を多面的・多角的に考えたり、自分ごととして捉えたりすること、これ自体は道徳性そのものではありません。しかし、これらのことは、道徳性が養われていく上で、深いかかわりがある事柄です。以前より、他者の考えが聞けるようになり、道徳的な問題を多面的・多角的に考え、自分ごととして捉えることができるようになったとすれば、それは「道徳性に係る成長」があったと言えます。

視点と観点

各教科等の目標は、育むべき資質・能力である「知識及び技能」「思考力、判断力、表現力等」「学びに向かう力、人間性等」の三つの柱に基づき整理されました。実は、道徳科の目標の文章はこの整理前に示されたのですが、特に三つの柱との関係について不合理なことはないため、三つの柱と目標との対応については次の通りに説明されています。(1)

○知識及び技能⬇「道徳的諸価値についての理解」
○思考力、判断力、表現力等⬇「物事を（広い視野から）多面的・多角的に考え、自己（人間として）の生き方についての考えを深める」
○学びに向かう力、人間性等⬇「よりよく生きるための基盤」「自己を見つめ」「自己（人間として）の生き方についての考えを深める」

このように、道徳科の目標も三つの柱との関係で捉えることができます。

各教科等の評価については、この三つの柱に対応して「知識・技能」「思考・判断・表現」の二つと、「学びに向かう力、人間性等」については「思いやり、感性など」を個人内評価とするので、「主体的に学習に取り組む態度」とあわせて三つの観点で評定していくことになります。つまり、各教科等では「知識・技能」「思考・判断・表現」「主体的に学習に取り組む態度」の三つの観点で観点別評価をしていきます。では、道徳科の評価といえば、すでに述べてきたように「道徳性に係る成長」を評価していくことになります。さらに、解説で「学習状況を分析的に捉える観点別評価を通じて見取ろうとすることは、児童（生徒）の人格そのものに働きかけ、道徳性を養うことを目標とする道徳科の評価としては妥当ではない」とある通り、観点別の評価が相応しくないことも述べています。

以上のことから、各教科等では三つの観点での観点別評価を行い、その一方、道徳科の評価は「道徳性に係る成長」の様子の評価であり、観点別で行わないことがわかります。しかしながら、教師にとっての評価は授業改善になくてはならないものであり、道徳科でも分析的に行う評価も必要不可欠なものと言えます。そこで、道徳科では児童生徒と教師の立場での見取りのポイントを区別して評価していくことになります。
○視点とは……児童生徒が学習状況や道徳性に係る成長の様子を見取るポイント
○観点とは……教師が授業改善に生かしていこうとする見取りのポイント
視点と観点の具体例について数例示します。☆は視点、◇は観点。
☆道徳的な価値の理解をもとに、多面的・多角的に考えていたか。
☆道徳的な価値の理解をもとに、人間としての生き方について考えていたか。
☆道徳的価値を自分とのかかわりで捉えていたか。
◇発問は道徳的価値を自分とのかかわりで捉えることができるような問いになっていたか。
◇考え、議論することを通して深く自己を見つめることができ、学んだことを深く心に残すことはできたか。
◇適切な問い返しの発問等により、話し合いを組織化し、コーディネートできたか。
（参考文献）・（1）道徳教育に係る評価等の在り方に関する専門家会議『「特別の教科　道徳」の指導方法・評価等について（報告）』平成28年7月22日　4頁

46 道徳科授業の評価の方法は？

いろいろな評価方法

道徳科の評価方法は道徳科のためだけに特化した特別な評価方法があるわけではありません。したがって、次に示すような一般的に用いられている評価方法を生かしながら評価していくことになります。これらの評価方法はそれぞれの特徴があり、その特徴を生かし適切に組み合わせて児童生徒の全体を見取り評価していくことが大切です。

観察による方法

観察による方法とは、児童生徒のあるがままの言動を観察し記録する方法です。児童生徒の様子を記録するためのファイルなどを作成し、一人ひとりの言動を観察し積み上げていくことになります。道徳科での活用方法としては、指導やねらいとの関係において評価したい視点を定め、言動や表情等を観察し記録していくことが考えられます。この方法の特徴は、児童生徒に気づかれずに様子を捉えることができるので、素のままの姿を捉えやすいことです。しかし、教師の先入観や観察する際の評価の基準が曖昧であると信頼性のある評価とはならないので、このことに留意する必要があります。一例としてチェックリスト法があります。

面接による方法

面接による方法とは、児童生徒と面接を行うことで感じたことや考えたことを直接聞き取る方法です。相対して面接を行うことで、表情からも読み取ることができるので、面接が深まっていくと内面まで理解することが可能となります。面接を円滑に行うためには、児童生徒が心の内を吐露できる信頼関係が必要であることや児童生徒の話を受容する教師のカウンセリングマインドの素養も求められます。

質問紙による方法

質問紙による方法とは、事前に調査したい事柄に関する質問事項を準備しておき調査する方法です。この方法は知りたい情報をピンポイントで調査することができます。一般的には選択肢の中から、最も自分の考えに近いものを選ぶ方法や自由記述の方法があります。

短時間にでき、評価したい事柄について一定の傾向を知るには便利な方法です。道徳科での具体的な例としては、授業後に「意欲的に話し合った」「今日の学びを生活の中で生かそうと思った」などの問いに、四件法（4あてはまる、3まあまあてはまる、2あまりあてはまらない、1あてはまらない）などで回答する方法です。

これまで、質問紙による方法は教師がペーパーを準備して回答させる方法が一般的でしたが、一人一台端末の普及によりＩＣＴを活用しての評価方法が考えられます。

道徳ノート等による方法

道徳ノート等による方法とは、道徳ノートやワークシートに記述された文章や一人一台端末に入力された記述文から評価する方法です。この評価方法は児童生徒が感じたことや考えたことを自由に記述させる方法で、感じたことや考えたことが客観的に記述されるので内面意識を把握しやすくなります。文章化することは、自分の考えをまとめることや、後に学習した内容や学びを振り返ることにも役立ちます。

ポートフォリオ評価による方法

ポートフォリオ評価とは、道徳ノートや端末、役割演技等を収録した映像、プレゼンなどの学習成果物をファイルすること自体やファイルされた成果物を確認することを通して、学習で学んだことを理解し自尊感情や自己効力感を高めることを意図した評価方法です。1時間1時間の道徳科の評価を行うことは大切なことです。同時に、毎時間の授業を積み重ねていく中での児童生徒の道徳的成長を見取っていくことも、大くくりな評価を踏まえると重要なことになってきます。道徳科での具体例としては、学期の最後に児童生徒が書き溜めたものなどを振り返ることにより、どのような道徳的成長があったのかなどの視点から自己評価も生かしながら見取っていくことが考えられます。

パフォーマンス評価による方法

パフォーマンス評価とは、ペーパーテストでは評価しきれない技能や思考等を評価するために使用される評価方法で、ペーパーテストのようにテスト用紙に解答を書き込むのではなく、授業で学んだことを図やイラスト、身体表現・演技、スピーチ、記述など多彩な方法で表現し、その「作品（パフォーマンス）」をもとに評価する方法です。道徳科におけるパフォーマンス評価は、児童生徒の記述文や発言内容、あるいは役割演技や動作化などの評価に対しての活用が考えられます。その際、評価基準（ルーブリック）を作成し、それをもとに評価することになります。

47

大くくりな評価って、結局どういうこと？

指導要録と通知表

指導要録は法で定められた作成しなければならない公簿です。この指導要録の様式については、各学校の設置者（教育委員会等）が文科省の示した様式を参考にして定めており、自治体により異なっています。道徳の教科化に伴い、指導要録に道徳科の「学習状況及び道徳性に係る成長の様子」の記述欄が設けられ、学級担任が道徳科の評価を年度末に文章で記入することになります。自治体によっては、指導要録に特設の記述欄を設けず、総合所見の欄に道徳科の評価を記入している場合もあります。

一方、保護者に児童生徒の学習状況も含めた様子を伝える、いわゆる通知表は、法的な作成義務はありません。したがって、通知表のない学校もあります。ただ、そのような学校では、単元の学習を終えて学びの様子を紙面で通知することや面談の折に口頭で伝えるなどのいずれかの形で保護者に報告しています。道徳科の学習についても、通知表で、毎学期伝える学校もあれば、年1回だけの学校、あるいは口頭で伝えている学校もあります。通知表は法的拘束力がないこともあり、指導要録に記入する内容に比べて柔軟に書くことが可能です。

記述式で個人内評価

道徳科の評価は、学習指導要領に「数値などによる評価は行わないものとする」とあることから、文章による評価ということになります。なぜ、文章での評価になるのか。それは、道徳科で養うべき道徳性は人格の基盤となるものであることから軽々に数字などによる評価をすべきではないからです。さらに、他者との比較ではなく個人内評価となります。つまり、他の児童生徒との比較や目標に対しての達成度を評価していくのではなく、一人ひとりの児童生徒の個人内での道徳的成長を文章で評価していくことになります。このことの理由は、各教科における評価が「知識・技能」等の観点別学習状況評価と数字による総括的な評定で行う到達目標であることに対し、道徳科の目標は方向目標だからです。たとえば、数学科の一次方程式の解法の学習で、解法のスキルがマスターできれば、それで目標が達成されたことになります。このように各教科においては到達すべき目標が設定されていて、それに到達できれば目標を達成したことになります。しかし、道徳科についてはこのような評価方法は相応しくはありません。教育の目指す人格の完成は方向目標であり、その基盤をなす道徳性を育むことも方向目標と言えます。したがって、道徳性が完成したなどということはありえず、常に個々の中で高めていかなければならないことです。このように道徳科では、文章表記であることと個人内評価であることは妥当な評価方法であると言えるでしょう。

大くくりなまとまりを踏まえた評価

解説には「大くくりなまとまりを踏まえた評価とすること」と述べられています。このことが示されたときに、一体、これはどのようなことなのか、どのように理解したらよいのか、ということで注目が集まりました。ある理解では、「大くくりなまとまり」とは内容項目のＡＢＣＤの４つの視点別に見取っていくことだとの指摘があったり、数時間単位での見取りだとの主張があったりしました。このように、「大くくりなまとまり」をどのように理解していくのかの議論がなされたわけです。

しかし、よくよく考えてみれば、各教科の観点別評価にしてもその観点を勘案して行う総括的な評定にしても、1時間の学習の学びの様子から即断することはなく、総合的に評価しているはずです。このことを考えると、大くくりなまとまりを踏まえた評価は特段、道徳科のための評価ということではありません。これまでも行ってきた評価であり、道徳科の教科化の際に「大くくりなまとまりを踏まえた評価」とネーミングされたということです。したがって、戸惑う必要はないと思います。

今まで行ってきた学期あるいは学年を通して学習状況や道徳性に係る成長の様子を見取っていけばよいことになります。その際の評価に関しては、児童生徒にとって意欲向上につなげていくために、認め励まし勇気づける評価にしていくことが大切です。評価を記述していくのは指導要録と通知表です。学期や学年の中で「学習状況や道徳性に係る成長」を大きなまとまりとして見取って記述していけばよいのです。

48

諸外国では道徳の授業ってあるの？

日本型の道徳科は教科書があり東アジアで発展、欧米型は実践から学び議論重視

世界の道徳に関する必修教科は日本型と欧米型とに分かれます。欧米では哲学や倫理、宗教に関する必修教科があります。日本では学習指導要領等で国が法的に定めている学ぶべき道徳的価値を文書で示し、検定教科書（テキスト）による道徳科授業が行われています。主な実施国は東アジアの韓国・中国・台湾です。

一方欧米諸国の道徳に関する授業は体験等の実践重視であり、実践について考え、議論しながら個人の道徳的な価値を深めていくというものです。欧米の多くの国では国の検定教科書やテキスト等はありません。

欧米の道徳科はどのように実施されているの？

道徳教育に関連のある授業について、特徴のある主な国について紹介します。

ドイツは州ごとに教科等のカリキュラムを定めています。多くの州でキリスト教の宗教科が14歳まで必修です。キリスト教の洗礼を受けていない、または宗教科授業を希望しない14歳以上は、名称は州等で異なりますが道徳科に近い倫理・哲学科が必修です。

イギリスでは、宗教科は必修です。キリスト教を信仰しない児童生徒のために、イスラム・ユダヤその他の宗教に対応する教科等も編成されています。この他１９８０年代から準必修科目として、ＰＳＨＥ（Personal, Social, Health & Economic Education 人格・社会性・健康・経済教育）、２０００年代からは市民性（シチズンシップ）教育という新しい政治・経済・社会的状況に対応できる教科が急速発展しています。

フランスでは、公教育に宗教を入れないという考えが強く、集団を形成する市民としての民主主義諸価値を育むことを目標としている教科「公民」があります。また長いカトリックと政治の問題からリベラルによき市民・国民としての在り方を学ぶため独自のカリキュラムを作成して小中高校の児童生徒に市民性教育を実施。また２００８年「市民・道徳教育」という名称のカリキュラムを小学校に開設しています。

アメリカは、合衆国として州連邦制で、欧州や中南米からの新しい移民の国ですが、伝統的なプロテスタントの方々が多い国です。1930年頃までキリスト教の日曜学校で牧師が読み物テキストや聖書を使用し児童生徒は日本と同じような話し合いをしていました。しかし大量の移民の入国の実態からロックフェラー財団等の協力を得て「児童生徒の教会に通う者と通わない者」との道徳性に関する意識や言動について調査を実施したところ、統計的な有意差がないという結論が発表されました。この頃からアメリカの道徳教育は、プラグマティズムの考えを取り入れた体験を重視するものに変化していきました。テキストを読み解く認知論的な指導よりも、実際に実践したことを振り返り児童生徒が十分な話し合いを通して個々の実践について道徳的な価値づけをしていくような授業が主流になりました。注意したいことは、ボランティア等の体験のみの実施では意味はなく、児童生徒は体験を議論しながら個人の道徳的な価値を明確にしていくという手法です。現在アメリカでは半数以上の州では、道徳科の教科ではなく、キャラクター・エデュケーション（よき人格を目指す教育）や価値の明確化教育（自分の価値を明確化する教育）等の名称で教科横断的な授業が展開されています。

サービスラーニングや子どもの哲学ｐ４ｃ授業等の体験討論重視の道徳科授業とは？

アメリカを中心に価値内容を理解する道徳科よりもコンピテンシー（Competency＝スキルや能力を発揮する学びの行動特性）・ベースである学びとしてサービスラーニングという授業が重視されています。道徳的価値の見解を議論し批判的に考察する問題解決学習、価値の明確化やジレンマ・ディスカッション、対話による思考力教育ｐ４ｃ（philosophy for children）等の道徳教育に関する授業があります。たとえば、問い「正義とは何か」「なぜいじめは起きるのか」、さらに「どうすれば正義を実現できるか」「どうすればよりよい人間関係や社会を実現できるか」等について、児童生徒が主体的に考え、他者と議論・討論しながら、道徳的な価値を学んでいく手法で、世界的に広がりを見せています。

（参考文献）・日本道徳教育学会全集編集委員会編著『新道徳教育全集第２巻　諸外国の道徳教育の動向と展望』学文社２０２１
・東京学芸大学「総合的道徳教育プログラム」推進プロジェクト編『新しい道徳教育』東京学芸大学「総合的道徳プログラム」推進プロジェクト２０１２

49

アメリカの道徳教育はどんなもの？

古い人格教育

アメリカの道徳教育の歴史を振り返ると、1930年頃までは、古い人格教育が学校教育に普及していました。

古い人格教育の指導方法としては、教師が読み物教材を用いて、児童生徒に既定の道徳的価値を計画的かつ発展的に教える授業を行うものです。その代表的なものとして、フランクリンが実行した「十三徳」があります。これは、「節制、黙秘、規律、決意、節約、勤勉、誠実、正義、中庸、清潔、温和、純潔、謙譲」という13の徳を取り上げ、毎週一つの徳目に焦点を当てて、実行するというものです。

フランクリンの指導法は、「マクガフィー読本」という教科書を児童生徒に読み聞かせ、道徳的価値を理解させ、道徳的実践の指導を行いました。こうした指導法の特徴は、アリストテレスの哲学に準じたもので、「よい人格は、道徳的価値を理解し、それを望み、それを行うことによって形成される」という考えに基づいていました。この指導は、日本の道徳科授業に影響を与えることになりました。

しかし、古い人格教育は、教師の「価値観を教え込む」ことにつながるのではないかという批判を受けるようになりました。そのような中で、１９３０年、ハーツホンとメイは、『ごまかし行為の研究』において、「子どもが正直であったり、不正直であったりする行動は、極めてうつろいやすく、その場の状況によって決まるものであり、一貫した価値の内面化によって決まるものではない」という結論を示しました。その結果、古い人格教育は、徐々に衰退することになりました。

道徳教育における「三大潮流」

それから30年後、アメリカにおける道徳教育は、次にあげる三大潮流に集約することができます。

価値の明確化理論

第一は、価値の明確化理論です。これは、1950〜60年代にかけて、アメリカ西海岸を中心に広がった人間性回復運動から生まれた理論です。詳しくは、別項（22　価値の明確化理論とは何？）を参照してください。

道徳性発達理論

第二は、1970〜80年代にかけて、価値の明確化理論を批判的に継承する形で登場した、コールバーグの道徳性発達理論です。コールバーグは、道徳性の発達を、「慣習以前のレベル」「慣習的レベル」「脱慣習的レベル」に分けて説明しています。

「慣習以前のレベル」は、生物的・社会的衝動に動機づけられる、「慣習的レベル」は、集団の基準を何も考察せず受け入れる、「脱慣習的レベル」は、目的が善かどうかを判断して行動しようとするというものです。コールバーグは、児童生徒の道徳的な判断力は、社会環境や相互作用によっての過程で引き起こされると考えました。そこで、児童生徒がどのように判断すべきかを考える「モラル・ジレンマ」の教材を提示し、それを議論させることで、児童生徒の判断基準が、どのレベルなのかを捉えようとしました。

新しい人格教育

その後、１９９０年代からトーマス・リコーナによる新しい人格教育が台頭します。トーマス・リコーナは、道徳性発達理論の判断力だけでなく、社会とのかかわりの中で、学校教育全体を通したアプローチを行うことが大切であると指摘します。

具体的には、「読み」「書き」「計算」の他に、「尊重」「責任」を重視しました。これは、学校は勉強だけでなく、児童生徒の自尊心を高め、他人を深く尊重し、責任ある社会の一員になることを目標としたものです。そして、道徳科授業だけでなく、教育活動全体を通した道徳教育を推奨し、学校・家庭・地域で連携することを強調しています。

トーマス・リコーナは、道徳的価値を教えれば身に付くものではなく、児童生徒が日常的な生活経験の中で自ら道徳的価値を考え、他者とかかわることで身に付くと考えました。そのため、日常生活にかかわる問題解決を考える、「問題解決的な学習」を支持しました。我が国の道徳科授業は、古い人格教育による指導方法の影響を受けてきましたが、現在は、「新しい人格教育」に基づく、「考え、議論する」道徳が求められるようになりました。

〈参考文献〉・柳沼良太『「生きる力」を育む道徳教育』慶應義塾大学出版会２０１２
・岩佐信道『比較教育学研究26』比較教育学会２０００

50 ヨーロッパの道徳教育はどんなもの？

ヨーロッパには50の主権国家があります。それぞれの国は、その国家の歴史的な背景や地政学的な状況で社会構造は異なり、多様であり、教育制度や内容も一様ではありません。そのような中で、イギリス、フランス、ドイツを取り上げ、これらの国の道徳教育について紹介していきます。

イギリスの道徳教育

イギリスの道徳教育にあたる教科・領域としては、宗教科、シチズンシップ教育（citizenship education：市民性教育）、ＰＳＨＥ教育（Personal, Social, Health & Economic Education：人格・社会性・健康・経済教育）の3つがあげられます。

宗教科は必修教科でありキリスト教の教義の学習の場です。しかし、近年では多民族化、多文化が進む中で、他宗教の理解や宗教本来の現代的な意義についての議論が求められるようになってきています。

シチズンシップ教育の目的は、国家においてよき市民となるための教育であり、民主主義の本質と実践にかかわる知識やスキルを身に付けることです。日本でもこの考え方を学校教育に取り入れている自治体もあります。教科としては、シチズンシップ教育は中学校での学習となっており、小学校段階ではＰＳＨＥ教育に統合される形で行われています。

ＰＳＨＥ教育は義務教育を通じて行われる学習であり、内容についてはコアテーマである「健康と幸福」「人間関係」「広い世界の生活」とそれらにかかわるいくつかのテーマが示されており、具体的な内容や時数については、児童生徒の実態により学校の判断に委ねられています。イギリスでも学校におけるいじめの問題は深刻であり、いじめを取り上げたＰＳＨＥ教育の授業例を紹介します。

コアテーマ：人間関係　目標：いじめの特質を探究し、いじめに対する方略を育てる。

鍵となる問い：「いじめとは何でしょう」「どんなことがいじめにつながりますか」「いじめられたら、どうすればよいでしょう」などの問いにより授業を展開していきます。

フランスの道徳教育

フランスでは、小学校・中学校・高校ともに「道徳・市民」の時間が設定されており、学校教育全体を通しても道徳・市民教育が行われています。フランスの教育法典には「国は知識の伝達に加えて、共和国の価値を児童生徒に共有させることを第一使命とする」とあり、知識の伝達とともに、共和国の価値の育成が重要視されています。「道徳・市民」の各学年段階の教科名と時間数をまとめると以下の通りです。小学校1〜3年は「世界を問う 道徳・市民」週2・5時間、小学校4、5年「歴史、地理、道徳・市民」週2・5時間、中学校1〜3年「歴史、地理、道徳・市民」週3時間、高校1〜3年「道徳・市民」年間18時間となっています。ただ、小中学校の場合は「道徳・市民」単独ということではなく、たとえば小学校4、5年であれば、「歴史」「地理」「道徳・市民」を合わせて週あたりの時数が週2・5時間となっています。小学校、中学校の「道徳・市民」の大まかな目標は次の3つにまとめられます。①他者を尊重する。②共和国の価値を獲得し共有する。共和国の4つの価値は、自由、平等、博愛、ライシテ（非宗教性）。③市民的な教養を構築する。

ドイツの道徳教育

日本では学習指導要領で規定された一律の教育内容が実施されていますが、ドイツでは16州ある各州の独立性が保たれ州によって教科、内容も異なっており一律ではありません。日本の道徳科にあたる教科はドイツ基本法で定められている宗教科が必修とされ週2時間程度設定されています。しかし、これを必修教科に位置づけていない州もあります。この宗教科以外で、道徳教育にかかわる教科としては倫理・哲学科があげられます。名称についても州によって異なり「倫理」が最も多く、他に「哲学」「価値と規範」「実践哲学」、などとなっています。これらの教科の内容については、①自己、②他者、③よい行い、④法、国家、経済、⑤自然、文化、技術、⑥真理、現実、メディア、⑦起源、未来、意味となっており、これらに関することが取り上げられ考え、議論する授業が行われます。

（参考文献）・日本道徳教育学会全集編集委員会編著『新道徳教育全集第2巻　諸外国の道徳教育の動向と展望』学文社2021
・大津尚志『フランスの道徳・市民教育』晃洋書房2023
・ローラント・ヴォルフガング・ヘンケ編集代表、濱谷佳奈監訳『ドイツの道徳教科書』明石書店2019

学習指導過程
指導技術
指導法
教材
目標内容項目
評価
外国私学

51 アジアの道徳教育はどんなもの？

日本型の道徳科授業は東アジアで広がる

日本のように指導する内容項目があり、検定教科書（テキスト）を使用した道徳科の授業が行われている国は、韓国・中国・台湾が中心です。シンガポールやベトナム、マレーシア等は近年欧米型のカリキュラムに変更されました。

まず日本型の道徳科授業の特徴は、指導する内容を学習指導要領で定めて、この内容に沿って教科書が民間で作成され、国の教科書検定があるということです。内容は道徳的な価値について大まかな説明がされていますが、教科等のような評価規準はありませんので、児童生徒の実態を鑑み、教材とねらいから主題を定めた授業が展開されます。

ここで面白いことに気づくことができます。なぜ東アジアの国々だけで、日本型の道徳科授業を推進しているのかということです。

インドで生まれた仏教は、多様な神々への信仰の一つであるという考えがあります。ヒンドゥー教には絶対神はありません。これらの考えは東へ広がり、中国・韓国・日本等へ伝搬しました。日本には山川草木《さんせんそうもく》悉皆成仏《しっかいじょうぶつ》と生きとし生けるものや石ころにも仏になる命があるという思想があります。東アジアの国々では、絶対神のようなものを重視しないことが多く、人間を取り巻く物事の本質に根ざした宗教観や哲学・倫理観が生まれてきました。儒教でも人間の生き方在り方に確固たる思想と理想があります。このような人間の本質を探究し目指すべき人間像の追究が現在の児童生徒の道徳科をつくり出してきたと思われます。思考や哲学・論理思想は、自他や社会とのかかわり、そして生命や自然、畏敬の念とともにあるという考えです。

一方、ヨーロッパでは、近代、人間の認知や思考が重視されました。デカルトの「我思うゆえに我あり」のように自分の理性を大切にした思考を大切に、カントの批判哲学等では物事をクリティカル（批判的）に考え、徹底的にその本質を探究してきました。この思想・哲学はアメリカにも伝わっていきます。また中東で生まれたイスラム教も北アフリカを始め西へと広がりました。イスラム教の聖典コーランでは二項対立の考えを小さいときから議論しながら絶対神に価値を理解していく方法で最初から絶対神アッラーを信ずべしという教育はしません。欧米の多くの哲学・倫理・道徳の思考の中心では絶対的な本質は置かず、宗教では絶対神を信じるという構造です。そして欧米の道徳に関する授業は、多様な体験を重視したサービスラーニングやキャラクター・エデュケーションで討論や議論から児童生徒が個々に大切にする道徳的な価値を身に付けていくという手法が大切にされています。道徳・倫理・哲学だけでなく宗教の授業も必修という国が多いのが現状です。

中国の道徳教科「道徳と法治」はナショナル・カリキュラム、韓国の道徳科は日本型

1980年代、中学校道徳の教科調査官金井肇は、毎月のように中国政府に招聘され、日本の文部科学省である中国教育部を訪れていました。理由は、高度成長を遂げている中国国民が功利的な生き方だけでなく本来の人間教育を目指す教育のための支援です。中国は世界中の道徳教育に関する教育課程を研究した結果、指導内容を定めて教材（当時は教科書ではない）から生き方を学ぶ日本型道徳科が一番よいと判断したことから、新しい道徳科の教育内容と方法をつくる手助けとして訪問を繰り返しているとお聞きしました。

現在、国務院「新時代公民道徳建設実施綱要二〇一九年」で小中学校教科「道徳と法治」で、立徳樹人（＝徳を重んじ人を育てる）という指導理念でカリキュラムが作成され、道徳科に国家の在り方を組み込んだ内容として計画的な授業がなされています。中国では国語・算数数学・道徳科等の一定のナショナル・カリキュラムがあります。数千万人の人口の各州や自治区で教科書は独自に編集・印刷されていますが、自治区ではそこの使用言語で編集されていた教科書を北京標準語にせよという問題が起きているようです。

韓国の道徳科は、内容項目AとDを統合する動きが学会で報告されていますが、日本の道徳科に極めてよく似ています。学会では台湾も国防に関する内容があるもののほぼ同様であると研究者は語っています。シンガポール等でも日本型の道徳科授業が実施されていましたが、アメリカ型のサービスラーニングという体験をもとにした議論で道徳的価値を個々の児童生徒が探究する教科に変わっています。

（参考文献）・張夢渓「中国のコンピテンシーベースの道徳授業」日本道徳教育学会研究委員会主催「道徳教育研究セミナーⅡ」２０２４
・日本道徳教育学会全集編集委員会編著『新道徳教育全集第２巻　諸外国の道徳教育の動向と展望』学文社２０２１

52

私立学校では宗教で代替できるのはなぜ？

日本の私立学校では法令で宗教の時間をもって道徳科に代えることができる

日本の学校は、公立私立を問わずに、教科等や道徳科の内容等は学習指導要領で定められており、各学校はそれに準拠した教育課程を編成することになっています。また道徳科の授業については、私立小中学校では宗教を教育課程に加えることができ、「宗教をもって道徳に代えることができる」と学校教育法施行規則第五十条第二項に規定されています。これは日本国憲法第二十条では、すべての人に信教の自由を保障し、宗教儀式への強制参加を禁じ、第十四条では信条による差別を認めない（信教の自由）ことによるものです。そしてこの法令から教育基本法では、宗教に関する寛容の態度および宗教の社会生活における地位の尊重と国公立学校における特定宗教のための宗教教育の禁止が定められています。

本来個人の宗教観と道徳観は尊重されるもの

個人の宗教観について国や権力が規制をかけることは、人権尊重の精神からも許されません。また特定の宗教を強制することも許されません。したがってどう生きるかという道徳科の問題は、宗教の時間で代替できるとされたと考えてよいと思います。

現在、私立学校では、キリスト教学校や仏教学校と称して宗教教育を実施しています。実際の状況を私立出身教員や大学生に聞くと、毎週宗教の時間があり聖書科としてテストもあり通知表に評価もあったという学校、学期に数回校長や学長などが講話という形でお話をされた程度の学校と多様でした。つまり教科書を使用し、基本的に学級担任が毎週実施する道徳科の授業とはかなり内容も方法も異なっています。私立学校が宗教をきちんとした生き方のための教育にするには各学校で授業時間の確保や内容の充実等の工夫が求められます。また個々の道徳観も同じように尊重されるものです。個々の児童生徒が様々な体験を積み、道徳性として根づいた道徳的な諸価値について他者が優劣をつけたり良し悪しを判断したりするものではありません。宗教観と道徳観は個人で内面的につくり上げていく自分の生き方とすれば、誰にも侵されないものであるはずです。

生活に根づいた宗教心

欧米では、日常生活の中で様々な宗教的な行事があり、宗教は人々の生き方に大きなかかわりがあります。しかし日本では、様々な宗教だけでなく、神道にかかわる初詣やクリスマス等を楽しんでおり、宗教というよりは楽しいイベントとなっているものが多いようです。結婚式はキリスト教式で葬式は仏教式という人もたくさんいます。日本の道徳科の指導内容Dの生命や自然、畏敬の念に関する内容は、欧米では、宗教の分野として学校教育と切り離しているところが多いようです。

たとえばフランスでは、影響の大きかったカトリック教会との政教分離法等から公教育に宗教色を持ち込んではならないとされています。他者から見える状態で十字架を身に着けたり、ヘジャブという「隠す」という意味のベール（イスラム教では満9歳以上で公共の場所で身に着けるもの。どこまで隠すかで名称もいろいろ）をかぶったりすることも禁止されています。仏スポーツ相の五輪選手のヘジャブ禁止方針についても、現在多方面から議論がなされています。イスラム教社会ではヒシャブは極めて当然で、日に5回のアッラーへの祈りは生き方そのものとされています。国や習慣で異なる生活に根づいた宗教心は強く尊重されていて否定することは極めて難しいものです。

宗教的情操は宗教ではなく教育観として大切にしたい

日本では、個人の生活も規制するような宗教は少ないと思われます。戦後、法律で、公教育の宗教教育は禁止されました。しかし人間として生きていくときに養うべき宗教的情操の必要性が論じられました。この言葉には宗教的という修飾語があるために宗教と混同されることを懸念して、戦後一時期多くの研究がなされましたが今日ほぼ使用されていません。

しかし私たち日本人は、絶対神に委ねるというよりも、生命や自然、崇高なものに畏敬を感じてきました。このような宗教的情操については、教育観として今後も大切にしていく必要があると思います。

おわりに

道徳教育と道徳科に関する用語について、学習指導要領の解説とともに、各種事典等を読み込んできました。事典等について一例をあげれば、『道徳科重要用語事典』（２０２１年）、『新道徳教育全集』全五巻（２０２１年）、『道徳教育キーワード辞典』（２０２１年）、『「道徳科」評価の考え方・進め方』（２０１７年）、『教材事典』第三部道徳（２０１３年）、『道徳授業の基礎事典』（１９９０年）等が編纂され、わかりやすい解説が多数試みられており参考になりました。

しかし、「初心者として知らない内容？だった。もっと調べてみよう！」とさらに深掘りしていくことは少なかったと思います。道徳教育・道徳科は、哲学や倫理、人間の生き方の問題や心理学的な問題と密接に関係していることから、用語の概念が必ずしも明確に規定できないため、腑に落ちないという経験もしてきました。今回、道徳科の授業を構想するときに、また道徳教育について考えていくときに、疑問と思うことや歴史的なこと、知られざるエピソードを厳選して解説を試みました。

各解説は、論文のようにエビデンスを積み上げたものではありません。1点について2000字程度として、読み物としてもわかりやすく理解できるように工夫をしました。そして執筆者3人の道徳教育や道徳科への長年のかかわりと大学や大学院の授業内容等の経験を踏まえて、「なるほど初めて知った内容だ。そんなこともあったのか！」と新しい発見もできるようなエピソードも含んだ記述を心がけました。

十分な内容ではないかもしれませんが、日々道徳科の授業を実践されたり、大学や学会等で研究を深めていかれたりする方々の一助になれば幸いです。

編集にあたりましては、編集リーダーの麗澤大学大学院の富岡栄先生、教員養成課程の学部生や現場の先生方と研究を続けられている松本大学の松原好広先生には心より感謝申し上げます。最後に、今回本書の企画を考えられ、刊行にご尽力をいただいた明治図書出版株式会社の茅野現様には心より御礼を申し上げる次第です。

2024年9月

麗澤大学大学院　鈴木明雄

【著者紹介】

富岡　栄（とみおか　さかえ）

上越教育大学大学院修了。麗澤大学大学院学校教育研究科教授。高崎市の公立中学校長を歴任後，高崎健康福祉大学特任教授を経て現職。単著『道徳科授業づくりと評価の20講義』（明治図書）。

鈴木　明雄（すずき　あきお）

埼玉大学理工学部卒業。麗澤大学大学院学校教育研究科特任教授。東京都の指導主事，公立中学校長などを経て現職。日本道徳教育学会監事などを務める。

松原　好広（まつばら　よしひろ）

麗澤大学院学校教育研究科修了。松本大学教育学部学校教育学科准教授。東京都の中学校教諭，公立小学校長などを経て現職。単著『心を育てる校長講話　実例105』（明治図書）など。

道徳授業者のための教養

2024年10月初版第１刷刊　©著　者　富　岡　栄
鈴　木　明　雄
松　原　好　広
発行者　藤　原　光　政
発行所　明治図書出版株式会社
http://www.meijitosho.co.jp
（企画）茅野　現（校正）井村佳歩・丹治梨奈
〒114-0023　東京都北区滝野川7-46-1
振替00160-5-151318　電話03(5907)6702
ご注文窓口　電話03(5907)6668

＊検印省略　組版所　藤　原　印　刷　株　式　会　社

Printed in Japan　ISBN978-4-18-429436-3